只有撇开对外物的追求，才能达到灵魂的所在。若他找不到灵魂，他将陷入空虚的恐惧，而这恐惧将挥舞长鞭，驱使他绝望盲目地追求空洞的世事。他将受无尽的渴求愚弄，在心灵之路上迷失自己，再也找不着灵魂。

——《红书》

寻求灵魂的现代人

〔瑞士〕卡尔·古斯塔夫·荣格 著
陈美锦 译

江苏凤凰文艺出版社
JIANGSU PHOENIX LITERATURE AND ART PUBLISHING, LTD

图书在版编目（CIP）数据

寻求灵魂的现代人 / (瑞士) 卡尔·古斯塔夫·荣格著；陈美锦译.. -- 南京: 江苏凤凰文艺出版社, 2017.11
ISBN 978-7-5594-0945-4

Ⅰ. ①寻… Ⅱ. ①卡… ②陈… Ⅲ. ①精神分析 – 研究 Ⅳ. ①B84-065

中国版本图书馆CIP数据核字（2017）第185178号

书名	寻求灵魂的现代人
作者	（瑞士）卡尔·古斯塔夫·荣格
译者	陈美锦
责任编辑	邹晓燕　黄孝阳
出版发行	江苏凤凰文艺出版社
出版社地址	南京市中央路 165 号，邮编：210009
出版社网址	http://www.jswenyi.com
发行	北京时代华语国际传媒股份有限公司　010-83670231
印刷	北京中科印刷有限公司
开本	880 × 1230 毫米　1/32
印张	9.5
字数	187 千字
版次	2017 年 11 月第 1 版　2017 年 11 月第 1 次印刷
标准书号	ISBN 978-7-5594-0945-4
定价	42.00 元

C O N T E N T S

目　录

第

1

章

越现代，越孤独

真正生活在现代的人具有现代感知，也只有这种人才会觉得以人云亦云的方式生活实在太过无趣。他成为了真正的最“不历史”的人，并远离了在传统中生活的大众，因为他无法再对历史价值、励志故事产生热情。他要变成彻头彻尾的现代人，必须走到世界尽头。他要彻底抛开过去人们留下的所有衰败的东西，并明白自己此刻正面对着一片荒野，在这里不管发生什么事，都是有可能的。

我们不能对现代人的心理问题做出任何公正的判断，因为它与我们所处的时代有着太过紧密的关联。作为人类，现代人的构造很新奇。现代的问题刚刚产生，要寻求解答，只能寄希望于将来。所以，谈论现代人的心理问题，最多不过是描绘一下这个问题。若想寻觅哪怕一丁点儿的线索，那我们在阐述的时候，可能就要站在不一样的立场上。此外，这个问题好像相当模糊不清，以单个人的能力，要全面把握这个问题，是绝对不可能的，因为它实际上是整个人类的问题。所以，我们在讨论这个问题时，当然要保持极度的谦虚与慎重。这个问题会促使我们在用词方面变得比较严肃，而我非常自信能做好这项工作，并期待大家都能重视这项工作。探讨问题期间，我在对一些事发表评论时，将不得不采用某些语气，起初听起来好像不够平和，也不够慎重。

我先来举个例子，其中表露的态度似乎就不够慎重。这里所说的现代人并不包括所有人，只包括能感知现代情况的人。这种人站在高山上或世界尽头，面对着未来未知的深渊，头顶是广阔的天空，脚下是全人类——其历史已经被原始的迷雾掩盖。现代人或者说“最现代的人”并不多，这种人的觉悟程度应该是最高的，因此能担此头衔的人凤毛麟角。**真正的现代人要能对个人的**

存在性有深入的感知，在这种前提下，这种人应该拥有强烈且普遍的意识性，以及最微不足道的无意识性。单是生活在现代，不足以让一个人成为现代人，这点大家都了解，否则所有生活在当下的人都会成为现代人。而现代人只包括对现代感知力最强的人，这才是真相。

真正的现代人很孤独，这种孤独从古至今都是必不可少的。因为他越是靠近意识领域，就越是远离最开始大家“秘密参与”的状态——湮没在寻常的无意识中。他靠近意识的一切举动都相当于在逼迫他远离范围极广的、原始的、将人类全都囊括在内的无意识。从心理学的角度看，现代文明社会的最底层人依旧过着无意识的生活，与原始人基本没有区别。高一个等级的人会在人类文明的初始阶段，展现出一定程度的意识，而意识的程度跟最近几百年的生活发展程度相符，除了等级最高者，谁都做不到。真正生活在现代的人，必须要与我们赋予这个词语的定义相符。只有这种人才会具备现代感知，也只有这种人才会觉得以人云亦云的方式生活实在太过无趣。他成了真正的最“不历史”的人，并远离了在传统中生活的大众，因为他无法再对历史价值、励志故事产生热情。他要变成彻头彻尾的现代人，必须走到世界尽头。他要彻底抛开过去人们留下的所有衰败的东西，并明白自己此刻正面对着一片荒野，在这里不管发生什么事，都是有可能的。

这番话或许会给人一种空无一物且烂俗的感觉。假装自己是现代人再容易不过，不是吗？多少人越过了很多自己应该经历的生活阶段，忽视了很多自己应该履行的生活义务，却还假装自己是现代人。如果这种人忽然现身于某个真正的现代人身边，那他们缺乏根基、吸血鬼的本来面目就会暴露无遗。大家误把他们的无聊当成现代人的寂寞。真正的现代人认为他们非常令人作呕，就是因为这个原因。他们与自己的同类人戴着面具藏身于群众中间——这些群众看不出他们的本来面目——伪装成现代人。对于他们这种做法，我们一点办法也没有。无论过去还是现在，这种“现代人”都会让人生疑。

真正的现代人不会模仿其他人，他们能安贫乐道，面对历史赐予自己的所有圣人的荣誉，他会选择拒绝，这点尤为艰难。现代人可以说都生活在罪孽之中，因为“不历史的”罪名与普罗米修斯[①]的罪名是一样的。高一个等级的意识就如同承受着沉重的罪孽。但一如我先前所言，能真正上升到现代意识境界的人，必须在凌驾于此前的意识阶段的同时，彻底执行世界安排给自己的义务。这种人一定要拥有正确的观念，并且要拥有很多才能。他的成就要略微高于他人，而不只是跟他人持平。这是他升入更高等级的意识境界唯一的途径。

我很清楚，要拥有很多才能这一点，会暴露那些假现代人的

---

① 希腊神话中的神明，他违背天神宙斯的命令，把火种带给人类，因此犯下大罪。宙斯命令山神用锁链将普罗米修斯绑在高加索山脉的岩石上，让一只恶鹰每天来啄食普罗米修斯的肝脏，肝脏被啄食之后，会重新长出来，然后再被恶鹰啄食，如此持续三万年。——译者注

欺骗行为，因此必定会让他们反感至极，但我们在评判现代人时，还是会以这种观点为标准。因为以现代人自居的人若没有很多才能，就可能是卑鄙的投机者，所以我们不得不采取这种标准。一个人无法用自己的创造力对反抗传统的不足做出弥补，那他的行为便只是对过去的背叛而已，只有他真的拥有很多才能，才能避免这种情况的发生。自欺欺人者才会把否定过去的传统等同于肯定现在的意识。“今天”仅有的意义位于“昨天”与“明天”中间，就像一座桥，连接起了过去和将来。现代意味着过渡程序，能以现代人自居的人，必须要明白这一点才行。

以现代人自居的人为数甚多，其中多是假现代人。一般说来，要去那些以古董自居的人群中寻找，才能找到真正的现代人。这种人有足够的原因做出这种选择。首先，他是为了平衡背叛传统与我所谓的罪孽之间的关系，才会着重点明过去。其次，他不想让别人误会，以为他是假现代人。

世间所有的善都必然对应着恶，因为很可惜，所有美好的品性都会有一个侧面是丑恶的。因此，现代意识也许会引发一种危险，它以想象为基础，忘乎所以：人们往往会想象在当前这个阶段，人类的历史已发展到巅峰，自己就是人类千百年来取得的珍贵成果。如果这种危险真的存在，我们就应对自己的愚昧有所了解，并鼓足勇气承认它：我们正站在边缘地带，在这里，数千年的期待和希望都变成了绝望。将近两千年前，基督徒就开始传教，现在我们只能看到不同的基督教国家的世界大战、铁丝网、瓦斯毒气这些天堂和人世间的巨大灾难，而看不到救世主再次降临的千禧年[①]。

我们忍不住要为这样的景象而悔恨。现代人生活的阶段的确是人类历史的巅峰阶段，可到了明天，现代人就会被超越。现代人的确是悠久历史的发展成果，但却处在人类希望的绝望之中，再没有比这更悲哀的处境了。对此，现代人有深刻的认知。科学、工业技术与工业组织能带来什么好处，他都已知晓。他还发现，所谓“善”的政府往往会为了给和平打下基础，遵循“在和平中备战”的原则，从而引发了险些毁灭欧洲的结果。而在现实的考验即战争中，理想、基督教会、世界大同、国际民主、稳定经济利益等都消失了。我们在世界大战结束十五年后的现在，再次发现社会上开始盛行类似的乐观主义和相同的组织、政治欲望、口号。最终，这会不会引发更严重的大灾难？我们如何能不恐慌？对于在缺乏理智的战争中签订的协议，我们持质疑态度，但我们还是期待其能尽量生效。我们对这些缓解举措焦虑不已。大致说来，在遭受了足以致死的心理重创后，现代人掉进了困惑的渊薮，这种说法在我看来并不夸张。

我认为，大家很容易就能发现上述看法都是我站在医生角度

---

① 千禧年的概念源自《圣经·新约》中的《启示录》，其中千禧年是基督再度降临的时间。此处指第二个千禧年，即2000年。——译者注

发表的。医生都希望找出病人得了什么病，至于我，除了医生，什么工作都不想做。可是，一个人本来没有生病，医生就不应该说他有病。这便是为什么我不愿意宣布，西方世界的人大多都生病了，东方也有几个国家生病了，或者宣布西方世界已接近崩溃。如此胡乱给出结论，超越了我的权限范围。

我跟其他人接触时积累的经验，我用自己的知识理解现代人心理问题时积累的经验，是我研究现代人心理问题的基础。我深入了解了一百多个颇有修养的个人的心理生活，这些人遍及整个白人社会和文明世界，有生病的人，也有健康的人，这些经验为我的讲述提供了依据。由于我观察到的全都是这些人的心理生活活动，它们全都隐藏在其心中乃至心底，因此我在讲述时，必然会仅限于某个方面。有一点务必要解释清楚，要想随时从心中找到心理生活是不现实的，某些情况下，心理生活存在于整个人类的历史中，而这种历史并不会被叫作心理生活。比如，随意挑选一种古代文化，尤其是古埃及文化，这种文化非常客观，需将罪过坦白交代出来。仅将巴赫的音乐视为个人情感的体现，或仅将金字塔、塞加拉①视为个人问题、个人情感的体现，对我们来说都是不可能的。

通过祭祀或精神等外在形式，实现个人所有精神愿望，宣泄个人情绪——具体案例参考当前的宗教——可以算作个人心理的

① 即塞加拉墓地，埃及开罗附近一片大型古代墓地，其中坐落着多座金字塔，包括历史最悠久的阶梯金字塔。——译者注

外在表现，并且从严格意义上说，心理问题也将不复存在。据此可以说，之前的数十年囊括了心理学发展的全过程，即使人类在这之前已经具备了智慧和反思的能力，能够分辨出心理学题材的真假。在技术知识领域，也是相同的状况。很久以前，罗马人已经详细了解了蒸汽机制造的基本机械原理和物理准则。亚历山大大帝却只是利用这些，给自己制造玩具。那时候更深入地研究这个问题的需求不够强烈。19世纪必须对所有可用的知识加以应用，是基于对劳动力分工及专业化的需求。现在我们在心理学方面的“发现”，同样是基于对精神需求的感知。从前大家自然也不会怀疑心理是不存在的，大家只是没有留意它。它就在旁边，大家却没看见它。然而，到了现在，若不竭尽所能地研究心理运作方法，我们的生存就将难以为继。

医学领域的人最早留意到了这种情况。牧师却将所有精力都用于建设一种心理机制，不被外界干扰，并能被划归到大家公认的信仰体系中。若这种体系真能展现生活，那心理学唯一的结果就是变成一种附庸，附着于健康的生活，那样心理问题也将不复存在。可以说，过着群居生活的人没有心理，也不需要心理生活，他只需要相信灵魂不死的说法，与一般人达成一致即可。不过，只要他觉得自己出生地的宗教形式带来的束缚，让自己难以忍受，这种宗教已不能再容纳自己所有的生活，在这种情况下，心理学就会变成一种独立的存在，在对其进行处理时，就不能只遵循教会的标准。所以，我们现在的心理学不是建立在信仰或哲学体系基础上的，而是建立在经验基础上的。我认为，我们拥有这种心理学的原因在于人们对心理生活的极度惶恐。个人的心理生活剧烈变化的形式是什么样的，时代的心理活动分裂的形式就是什么样的。我们的心灵不会在所有事物都很正常，心理的应用恰当规范的情况下，感到惶恐。我们不会在没有困惑或忧虑攻击我们的情况下，走向崩溃。然而，一旦心理行进受阻，我们就会产生一种感觉，好像河水受阻，倒流到源头。我们心中会出现矛盾，因为内部的人所需的事物，那个有着外部肉体的人竟然不需要。我们只有在这种悲惨的处境中，方能发现心理，即方能感受到意志受阻。这是我们的意识观无法容纳的，会让人深感困惑，并产生强烈的敌对态度。在心理分析领域，弗洛伊德付出的努力为这点提供了最明确的解释。弗洛伊德最早发现以下两点水火不容：一是不正当的性生活和犯罪意念的表面含义，二是文明之人的意识观。任何人若被这些影响，就是不道德之人、犯罪之人或精神失常之人。

这部分的无意识或人类心理最前面的部分可能早就出现在各种文化中了，我们无法假设它是崭新的。各种文化都会诞生某种事物，与其相反，会对其造成伤害，但这些心理暗流从来没有被正式研究过，比我们更早的文化或文明从来没有被逼做过这项工作。一直以来，心理生活都体现为一种形而上学的系统。在执拗地尝试过所有方法之后，有意识的现代人现在只能被迫承认，心理力量是很强大的，现代和从前的差异就在于此。在兴奋的状态下，无意识的影响力极大，这点我们已无法否认。至少这种影响力是一种精神力，我们现在还无力用自身的理性来应对。甚至，我们已将这种力量视为一种科学，并对其做了研究。我们对其的狂热，可从此举中得到明确的证明。过去，人们可以忽略它们。现在，我们却将它们视为涅索斯的血衣[①]，根本脱不下来。

在我们的心理生活中，世界大战的巨大灾难引发的我们的意识观革命已经开始，我们的信仰与价值都被毁灭了。我们总是讽刺外国人，说他们在政治、道德方面很堕落。但时至今日，现代人只能承认，无论在政治还是道德方面，自己都和所有外国人没什么两样。我过去一直认为，让别人守秩序，是我的责任。如今，是时候矫正一下这种观点了。我应该这么做的原因非常明确，就是我觉得理性世界组织几乎不可能出现了。历史悠久的千禧年梦想和世界大同梦想都逐渐失去了本来的光彩。现代人原本对政治和变革世界满怀热情，现在却因为这种困惑心灰意冷。他们原本

---

① 涅索斯是希腊神话中一个半人半马的怪物，他在冥河上背大家过河，收取过河费。有一次，大力神赫拉克勒斯让涅索斯背自己的妻子得伊阿尼拉过河。涅索斯乘机调戏得伊阿尼拉，愤怒的赫拉克勒斯用毒箭射死了涅索斯。涅索斯临终前，欺骗得伊阿尼拉说，自己的血是一种灵药，能够挽回爱人的心。如果赫拉克勒斯日后变了心，不再爱得伊阿尼拉，那得伊阿尼拉只需让赫拉克勒斯穿上沾满了涅索斯的血的衣服，就能重新得到丈夫的爱情。得伊阿尼拉信以为真。后来，赫拉克勒斯真的变了心，得伊阿尼拉骗他穿上涅索斯的血衣。结果赫拉克勒斯一穿上血衣就中了毒，想脱掉血衣也脱不下来，痛苦得跳进火里烧死了。——译者注

对把自己的精神力量应用于外部世界这件事很乐观，现在连这种乐观都打了折扣。现代人在这种困惑中，反过来向自己求助，其能力朝源头流去，将心理内容冲到了水面。这些内容原本就在源头处，不过，此前一直在淤泥中深埋着，因为此前河水的流动并未遭遇什么阻碍。与中古时代[①]的人对世界的看法相比，我们的观点大不一样。中古时代的人认为，地球在宇宙中央，本身一动不动，太阳在其旁边，为其提供热量。人类都是上帝的臣民，拥有恒久幸福的诸神会照顾人类。对于自己应该做什么，人类都心知肚明。对于自己如何在腐朽的世界中自救，让自己得到恒久的幸福，人类同样有清楚的了解。我们就算做梦，也不会再梦到这种生活。这张讨人喜爱的面纱，早就被自然科学撕得粉碎。中古时代已经远离我们，一如儿童时代已经远离我们，在那个时代，孩子相信全世界再没有人比自己的父亲更加英俊，更加强大。

中古时代的人有心理自信，但现代人已经没有了。物质方面的安全、幸福、高贵等理想，取代了现代人的心理自信。然而，现代人要拥有更强大的乐观，才能将这些理想变成现实。如今，连物质方面的安全都已消失。因为物质方面的所有“进步”，都会引发更加恐怖的灾难威胁，现代人对此已有所察觉。只是如此，已足以让他们胆战心惊。如果是看见现在为了预防瓦斯毒气的进攻，很多城市都安装了一整套设施，并时常演习，这些人又会怎

① 西方文明史的一个阶段，从公元 500 年到公元 1500 年。——译者注

么想？他们只能以“在和平中备战”的原则为依据，假设这种进攻已在计划中，并做好了准备。如果是让个人收集起所有杀伤性武器，那他心里的魔鬼必然会忍不住用其去杀人。足够多的武器汇聚到一起，就会自动引爆，这一点众所周知。

赫拉克利特的“物极必反”规则是一种临时应急的规则，但已悄悄进入现代人的内心，令其感到畏惧，并使其对社会和政策力在这些野蛮的力量面前发挥的最终效果不再自信。如果他从此开始探究自己的心底世界，远离这个被绝望和持续的建设、毁坏充斥的盲目的世界，那他必将发现自己又来到了一个被混乱、黑暗充斥的世界，也是他迫切想要离开的世界。连心灵生活的避难所都已经被科学毁灭了，变成了一个可怕的地方。

不过，对我们来说，在心底发现这么多魔鬼，也是种莫大的安慰。我们至少能够认为，这些便是人类罪恶的源头。起初，我们会吃惊，会失望，这是不可避免的，但因为它们都为我们的心灵做了最佳诠释，从某种程度上，我们已经掌控了它们，所以可以对它们进行矫正，或者切实歼灭它们——至少是这样的。我们希望能提出一个假设，该假设必将消灭世间一些罪恶，前提是它真的能够成立。我们希望假设在我们已经深入了解了无意识和它的运转方式的前提下，一个对自己的恶劣目的没有自知之明的政客，会被所有人看穿，无法欺骗任何人。这个政客将从报纸上得到这样的提示：“你有恋父情结，正在自我压制，你还是去让人解析一下吧！”

我选择这个奇怪的案例，是为了说明所有人内心都存在一种荒诞的错觉，误认为自己能掌控所有属于心理的东西。世间的罪恶大多诞生于人类稀里糊涂的无意识状态中，人们只要察觉到这种罪恶，就会与其源头抗争。我们能够抵御外界的进攻，是因为科学。我们能够处理心灵的问题，要靠察觉提供助力。

对心理学的兴趣在之前的二十年广泛增加，为以下这点提供了充足的证据：现代人或多或少已开始关注内部问题，而不再只关注物质，这难道仅仅是出于好奇吗？艺术能对人类的基本观念在未来的变化，做出一定程度的预测。表现主义者则从很久以前就开始将自己的艺术选题确定为这种更加常见的主观改变。

如今的心理学兴趣证实人们怀有这样的期待：从自己没能从外部世界接受的心理生活中得到一种东西。这种东西已经找不到了，但它很明显包含在宗教中。不管怎么样，对于现代人这点是成立的。对现代人来说，各种宗教仪式已经不是源自心灵的宗教了，不再展现他自己的精神生活，而应被划归外部世界。他再也不能从世俗精神以外获得启发，却将种种宗教信仰当成了礼拜日的礼服，一件件穿起来，再一件件脱下去，扔到旁边，在此期间耗光了所有精力。

可他好像逐渐对无意识心理的病理现象着了迷。无论我们忽然对过去人们抛弃的事物产生兴趣，有多么匪夷所思，我们都只能承认自己的确就是这么做的，我们的确对这些问题有了兴趣。

我所谓的兴趣是针对持续发展的唯灵论[①]、占星术、神智学[②]等各种心理现象的广泛兴趣，而不是只将心理学视为一门学科的兴趣，或那种更加狭隘的兴趣——弗洛伊德心理分析。从17世纪过后，这种情况就不再出现了。除了耶稣降生之后的1世纪和2世纪非常流行的诺斯替主义[③]，没有什么能与之相比。现在的主流精神与诺斯替教派其实非常相似。法国现在还有一座诺斯替教堂。据我所知，德国有两个教派公然表示，他们属于诺斯替教派。毋庸置疑，这种大型现代运动相当于神智学和欧洲大陆的人智学[④]，它们都属于诺斯替教派，不过外面穿了印度教的外套。现在，人们对科学心理学的兴趣，和这些运动一比，简直不值一提。完全以无意识表现作为基础，是诺斯替教派体系最独特之处。另外，除了生命的黑暗面，该教派的道德教义还能应用于其他方面。印度的贡荼利尼瑜伽术[⑤]也清楚阐明了它在欧洲复兴中的表现形式。

对这些运动狂热的源头，必然是某种精神力，它已经无法再表现为腐朽的宗教形式。所以，就算这种运动假装自己在科学范

---

① 主张灵魂是世界本原，生者可借助灵魂与死者交流的宗教或哲学理论。——译者注

② 又名通神学，是一种有神秘主义倾向的宗教哲学。——译者注

③ 又名虚无主义、存在主义，是古希腊一种哲学思想，一般认为起源于公元1世纪。——译者注

④ 一种精神科学，用科学方法研究人类的智慧、人类本身和宇宙万物的关系。——译者注

⑤ 印度一种瑜伽密宗教义，认为每个人体内都存在宇宙能量，表现为一条盘在脊椎底部的蛇，称为贡荼利尼。人能借助修习，让贡荼利尼向上抵达自己的头部，从而进入极乐境界。——译者注

畴内，实际上却具备宗教的性质。这一点不会因鲁道夫·斯坦纳[①]称自己的人智学为精神科学，或埃迪夫人[②]发现基督教科学派[③]，发生任何改变。这些潜藏的意图只证明宗教简直跟政治、世界变革一样，越来越值得怀疑了。

---

① 鲁道夫·斯坦纳（1861—1925），奥地利哲学家，人智学创始人。——译者注

② 埃迪夫人（1921—1910），美国人，基督教科学派创始人。——译者注

③ 又称为科学教派，是埃迪夫人 1879 年创立的一种基督教新教的边缘教派，主张上帝代表着绝对的善和完美，罪恶、疾病、死亡都跟上帝没有关系，所以都不真实，整个物质世界都是虚幻的，真理与存在都停留在精神层面上，就算疾病也只能借助精神调节来治疗。——译者注

第

2

章

现代人对灵魂问题的痴迷

无意识总会在第一时间，补偿意识生活中不再重要，也不再具备价值的心理活动。梦就是这种机制的典型体现。所有事物在白天都看得见，摸得着，但我们还要度过跟白天一样漫长的黑夜。有时，夜里的噩梦甚至吞没了很多人的白天，这些人的白天也变成了噩梦，导致他们会在清醒中期盼黑夜降临。我觉得这种人现在已经多得不计其数，所以，我认为现代人的确存在心理问题。

与19世纪的同胞们不同，现代人将精力都集中于心理，并对此充满期待，这样说并不夸张。这种行为可以算是一种宗教经验，与诺斯替教派类似，都没有请求任何一种传统宗教信仰为其提供帮助。上述运动表现出竭尽所能向科学靠拢的姿态，所以绝不能批判它们是恶作剧或戴了面具。这些人的行为表明，他们其实是在探究“科学”或是学识，而失去了追逐西方宗教精粹的信念。现代人已经厌倦了基于信念的教理，以及以教理为基础的宗教。他支持这些教理仅限于一种情况：这些教理包含的知识可以与他的心理生活内部经验达成统一。他需要切身体验。基于相同的目的，圣保罗教堂主教英奇曾经要求大家持续关注英国圣公会的一次运动。

在我们这代人所处的年代，地球上所有地方都已被发现，发现因此走到了终点。当大家不再相信除了北温带的居民，其他人居住的地区都享受不到阳光时，这个时代开始了。关于世界上那些未知的地区存在什么东西，大家想亲临现场，挖掘并探究。但很明显，我们这代人正在为找出意识以外的心理有什么东西，费尽心机。所有相信神灵论的组织都会问，一旦失去意识，灵媒会怎么样？所有相信通神论的人都会问，我能从更高层次的意识界中得到何种体验？所有研究占星术的学者都会问，是何种力量和元素在我的意识范围以外，掌控了我的命运？所有研究心理分析的学者都会问，是何种无意识驱动力在影响神经症？

从精神生活中获得真正的经验，是我们这代人的愿望。我们不愿根据过去时代的经验做出推导，我们需要切身体验。可这不表示所有推导方法，我们都会弃之不用。比如，那些被世人承认的宗教和现实的科学，便是可用的。若过去某个欧洲人有机会深入观察这些发现，就会非常吃惊且害怕。他会觉得对这门学科的研究太过宽泛、费解，并会觉得这些研究方法是对人类最高学识成果的滥用，因此对人们会采取这些方法感到非常意外。三个世纪前的一千幅天宫图，到了现在被集中于一张图中，若当时的天文学研究者了解到这一情况，会有什么感受？从古希腊至今，人们的迷信始终如一，若当时的教育学家和支持哲学启蒙的人了解到这一情况，又会发表什么看法？作为心理分析的创始人，弗洛伊德已彻底了解了心底所有的渣滓、阴影和罪孽，并将其对外公开。为了让大家不去追逐这些东西，他耗费了大量精力，却没有任何效果，更有甚者，还取得了相反的效果，不少人居然十分珍视这些废物。这种现象违背了常理，这是毋庸置疑的。我们要解释该现象，唯一的方法是把其原因说成是心理本身很吸引，而非喜欢废物。

从 19 世纪初期法国大革命之后，世人的确越来越看重心理，而心理也逐渐展现出自身的吸引力。对西方世界来说，理智女神在巴黎圣母院登上统治高位，宛如一种意义重大的象征行为，简直能与基督教传教士砍掉奥丁的橡树的意义相提并论。当时，他们还缺少一支复仇的箭，它从天而降，以惩处那些亵渎神灵的人，这点也和法国大革命时期没有区别。

巧合的是，18世纪初，有个在印度生活的法国人安吉提尔·杜佩隆带回了《奥义书》[①]的一本译本，里面收录了五十篇文章。西方人借助这本书，首次深入了解了非常神秘的东方精神。历史学家将其视为一种巧合，不存在任何因果关联。然而，我的医学经验却不容许我将其视为一个偶发事件。我觉得这是对某种心理规律的满足，至少在个人生活中，这种规律是绝对真实且有效的。该规律说明，无意识总会在第一时间，补偿意识生活中不再重要，也不再具备价值的心理活动。由于我们的心理作用也包含着能量，因此我们能从物理世界的能量守恒定律中找到该规律的相似之处。在被其余等量价值替代之前，所有心理价值都会一直存在。在平时的工作中，心理治疗师就遵循这样的规则。人们多次对其进行确认，至今没有出现规则失效的情况。身为医生，我可以非常肯定地说，民族生活也必须与心理规律相符。在医生看来，民族的心理生活只比个人的复杂少许。另外，诗人不也总把灵魂之国挂在嘴边上吗？我觉得这样说是成立的，毕竟从某种意义上

① 印度古典哲学名著，围绕着印度教进行阐发。——译者注

说，精神是源自全民族和全人类，而非某个人。从某种程度上说，我们仅仅是某种包罗万象的心理生活的组成部分，或者说某个“圣贤”的组成部分——斯威登堡人有种类似的说法。

我们现在就能打个比方。身为人类的一分子，我身体中的黑暗帮我唤醒了光明，使我获益。同样的，民族的心理生活中的黑暗，也能引来光明。所有进入圣母院的人都怀着毁灭的心理，所有人都在黑暗和未知的力量影响下开始前行。而我们从历史中发现，安吉提尔·杜佩隆也被相同的力量影响。他给西方人带来了东方人的精神，直到现在，我们也估量不出这种影响有多大，大家一定不要小看它！他对欧洲当前知识界的影响可能还不明显，受其影响的仅限于几名东方研究专家、少数佛学狂热分子、少数忧郁的名人——类似于布拉瓦茨基[①]、安妮·贝赞特[②]等人，这就好比零散分布于偌大的人类世界中的岛屿。而他们实际上就宛如海中的山脉，规模十分宏大。人们前不久刚刚确定占星术早就被弃置了，甚至能被当成笑话。结果，它现在又从社会中拔地而起，三个世纪之前，它被驱逐出大学，如今又回来了。东方思想也是相同的情况，一开始，它在社会底层扎根，时至今日，它又逐渐生长壮大。人们是如何筹集了五六百万瑞士法郎，来修建多那赫的

① 海伦·彼得罗夫娜·布拉瓦茨基（1831—1891），俄国女性通神学家，通神学会的创始人。——译者注

② 安妮·贝赞特（1847—1933），英国女性通神学家，布拉瓦茨基夫人的支持者。——译者注

灵智学神庙？难道这些都是一个人的捐款？肯定不可能吧。现在我们搞不清楚，究竟有多少人承认自己信仰通神论，这真是可惜，不过，肯定有数百万人。另外，还有基督教唯灵论信徒、倾向于通神论的人，总共也有数百万人，他们也要算进去。

了不起的变革都是从底层而非上层开始的。这就好比树，尽管树种子都是从上面掉下来的，但树总是从下面向上生长，而不是从上面向下生长。这个世界中的动荡是什么样的，我们意识中的动荡就是什么样的。我们困惑，是因为所有事物都相互关联。若世界到处都是和平和友好条约，民主和独裁，资本主义和布尔什维克主义，那人们身处其中，就会感到犹豫和困惑。在这种情况下，人的心理会迫切需要一种答案，以减少自己的困惑，减少自己在混乱中所受的折磨。通常只有较底层的人才会在行动中被心理的无意识力量掌控，这种人在当地常被人轻视，很少发表自己的看法，在科学原则方面，他们比那些有权有势的人怀有的成见要少一些。居高临下地观察他们，会发现其中大多数人都犹如喜剧演员，既可怜又滑稽。可他们实际上都很朴实，一如被上帝偏爱的基督徒。发现某人的心理已经积攒了厚达一尺的废物，我们会什么反应都没有吗？《人类繁殖》中非常详细地记录了很多无聊至极的谎话、荒诞至极的动作、粗鲁至极的想象。而在各自的重要论文中，艾利斯、弗洛伊德也都谈到了这些内容，并从科学领域收获了很多赞赏。整个文明的白人世界，到处都能看到他们二人的读者。我们应如何解释对这种可憎事物的热忱与几乎要发疯的崇拜？我们的回答如下，可憎的事物属于心理，属于精神的组成部分，所以古代的断壁残垣中遗留至今的文字有何价值，这种事物就有何价值。对现代人来说，连心灵生活的隐秘和让人听得不舒服的事物都价值连城，原因在于，这些事物能对他们发挥无尽的作用，那么是什么作用呢？

在《梦的解析》中，弗洛伊德援引了这样一句话：“就算无法让众神妥协，我也要将阿谢隆河[①]搅个天翻地覆。”他为什么要援引这句话？

在我们的意识世界中，被极度崇拜与珍视的价值，和我们要将其推下台的众神是一样的。众所周知，古代的众神因丑恶的风流韵事声誉败坏，到了现在，类似的情况再度上演。人们正在挖掘藏在我们一直以来赞颂的美德和崇高理想背后的缺陷，并像胜利者一样，对着众神大叫：“你们这些生命都是人类创造的，人类有的缺陷你们都有，你们就是一片墓地，到处堆砌着骷髅和垃圾。”从这番话中，我们听到了某种亲切的声音，那是我们始终无法独占的福音。

在我看来，这些相似之处确实不算勉强。与福音相比，不少人更看重弗洛伊德的心理学，有人居然还以苏联政策为依据，规范城市居民的道德。这些人都是我们的同胞，而由于所有人都被一种广泛存在的心理生活围绕在中央，因此所有人内心多多少少

---

① 古希腊神话中冥界的一条河流。——译者注

都对这些人的观点怀有同情。

出人意料的是，这种心理变化导致大家看到了一张更丑恶的脸。这张脸这么丑，我们基本不会对其产生好感，我们对自己都没好感。最终，这必将导致我们不理会外部世界的影响，继续兴致勃勃地探究心灵生活。这种心理变化的真正意义就在于此。因为通神论的主要原理是因果报应与肉体化身，其唯一能说明的是世界仅仅是为那些还未上升至完美道德境界的人，提供暂时的休养场所。现代思想进攻现代世界的程度有多猛烈，它的程度就有多强烈，二者唯一的区别在于技巧的差异。它赐予我们另外一个世界，它更加高明，价值也更高，但却不会破坏我们这个世界哪怕一分一毫。

所有这些见解关系到现代人最深切感知的部分，因此远不够“学术”，这点我得承认。莫非完全是巧合造就了现代观念和爱因斯坦的相对论，以及让我们舍弃决定论和视觉表象的原子构造论的关系？连物理学家都加入了消除物质世界的行列。我认为，这解释了以下现象出现的原因：现代人全身心投入精神生活，期望从中得到真实的信心，而这种信心是外界无法赐予的。

但西方人动荡的生活会危及心理，且这种危险会在以下情况下增加：我们依然对心理的美怀有错误的感知，根本不了解这种可怕的真相。东方人看不清自己是什么样的，因为他们会给自己烧香，导致身边烟雾缭绕。可是，要让和我们肤色不同的人感动，我们应该怎么做？中国人、印度人会如何看待我们？黑人内心如何看待我们？国家被我们占领、性命被我们以甜酒和性病剥夺的人，又会如何看待我们？

我与美国西南地区一座印第安村落的村长——一个印第安红人是朋友。一天，我和他讨论起了白人，双方都没有任何顾虑。他这样跟我说："对于白人，我们缺乏了解。他们总是心存欲望，总是十分紧张，总是在追逐什么的路上。他们在追逐什么呢？我们不知道，对我们来说，了解他们的确不可能。他们鼻子很尖，嘴唇很薄，看起来很无情，脸上有很多皱纹。我们觉得他们全都已经疯了。"

尽管没能说出正确的名字，但我的朋友很明显已看透了这种雅利安猛禽，其贪婪无比，梦想统治全世界，哪怕是那些跟他一点关系都没有的地方。另外，我的朋友还说我们试图把基督教义当成能适用所有情况、独一无二的真理，将我们白人的基督视为世间独一无二的救世主。实际上，这属于夸张狂想症的症状。借助科技、工业技术，我们在东方引发了动乱，让当地人恐慌不安，再趁机让他们向我们进贡、剥削他们。更有甚者，我们还向中国派出了传教士。我们派传教组织去非洲，他们废除了那里的一夫多妻制，但娼妓又变得十分盛行。乌干达为预防性病四处传染，每年要花费两万英镑，更别说道德水平因此变得低下的问题。欧洲人如此善良，居然还给这些做教诲工作的传教士发放工资。至于波利尼西亚发生的灾难、鸦片贸易带来的利益，就更不用说了。

在从自己的道德烟雾中走出来后，欧洲人展现的本来面目就是如此。这就是为什么我们必须先清理掉这片被毒气笼罩的沼泽，然后才能翻找出埋藏许久、残缺不全的心理生活。能用尽一生的精力去从事这项清理工作的，世间只有一种人，就是弗洛伊德这种了不起的理想家。我们的心理学就是从这里开始的，以这个目标为起点是我们探究以下对象的唯一方法：心理生活实体，以及与我们水火不容、我们也不想看见的事物。

但如果心理只包含一种事物，它对我们毫无用处，其本身又是罪恶的，那所有正常人都无法假装对心理有好感，哪怕我们为此费尽心机。因此，在很多人看来，通神论不过是种浅薄的东西，会让人灰心丧气，不值得为其动脑思考，弗洛伊德的心理学仅仅是种享受的原则。据此，这些人预测上述运动最终不是早早失败，就是荣誉受损。很明显，他们忽视了心理生活本身的吸引力是上述运动的力量源头。他们带来的热忱有可能引发别的什么结果，但截止到现在，就只有这些形式，除非有更好的结果出现。说到底，迷信和执拗是同类，都属于一种过渡，属于胚芽阶段，之后会出现很多更加新鲜且成熟的形式。

不管从学术、道德还是美学角度看，西方人的心理生活暗流展现出的景象，都没什么意思。我们在自己身边建立了一个世界，颇具纪念价值。我们服务于这个世界，在这个过程中全身心投入。可如果不是我们在这个世界中展现出了所有最显著的天性，这个世界也不会这样引人注目。然而，我们对心灵的探究结果却腐烂、怯懦至极。

这种说法相当于对意识真正的发展趋势做了预测，我对此心知肚明。能够全面了解心理生活内部这些东西的人，至今仍未出现。西方人正走在认识这些真相的路上，仅此而已。他们因为一些原因，激烈挣扎过。施本格勒[①]的悲观主义发挥了一定的作用，这是毋庸置疑的，但这种作用只局限在学术领域，不会带来任何危险。而心理学观点遭到个人的抗拒，也是顺其自然的，毕竟它一直以来都在入侵个人生活。这些抗拒在我看来并非没有意义，正好相反，我认为这是一种正常的反应，以应对能造成危险的破坏力。相对论在以下情况下会有破坏力：当它被视为最终的根本性原则时。所以，我让大家集中精力于心理内部恐怖的暗流，是为了让一个真相更加凸显——即尽管无意识有恐怖的一面，但其对病人，对身体健康之人，对有创造力之人，都极为有吸引力——而不是为了宣扬悲观的见解。心理内部是天性，天性是种创造性生活。天性会毁灭自己建立的事物，不过，它也会重新建立这种事物。在看得见的世界中，现代相对论毁坏了多少价值，心理就会再创造同等的价值。我们一开始预测不到那些黑暗、可憎的事物会走向什么方向。然而，人若是不能忍受这种情况，就必将与

① 施本格勒（1880—1936），德国哲学家，他认为德国在一战中失败，以及一战过后西欧的资本主义危机都属于“西方文化的没落”，认为只有建立军国主义与社会主义相结合的“新文化”，才能挽回这种悲剧。他的理论为希特勒之后的所作所为奠定了基础。——译者注

光明、美丽绝缘。无论何时，光明都是在黑暗中问世的。可直到现在，太阳还是没有为满足人类的强烈愿望，或是为消除惶恐，而在天空中静止。我们已经从安吉提尔·杜佩隆的案例中了解到，心理生活是如何在黑暗中解救自己的，难道不是吗？我们为何要相信东方人神秘的心理影响力会消灭我们？中国人并不认为欧洲人的科技、工业技术要消灭他们啊！

可有一点我忽略了：在我们用工业成果彻底搅乱东方的同时，东方人也正用他们的心理成果搅乱我们的心理世界。我们对此毫无察觉。可能在我们从外部击败东方人的同时，东方人也正在从内部掌控我们，这点我们同样没意识到。一开始，这种看法可能会让大家慌乱不已，毕竟除了粗鄙的物质关系，我们的眼睛什么都看不到，不明白这种错误的源头在于中产阶级的学术混乱，而引发混乱的罪魁祸首包括马克斯·缪勒①、奥登堡、纽曼②、多伊森③、威廉等人。我们能从罗马帝国的案例中吸取什么教训？罗马在征服了小亚细亚后，就被亚洲同化了。欧洲直到现在还在被亚洲影响。罗马军队信仰崇拜太阳神的宗教，其起源于西里西亚，从埃及传到沼泽遍地的大不列颠。而基督教教义起源于亚洲，这点也要我点明吗？

---

① 弗里德里希·马克斯·缪勒（1823—1900），德裔英国东方学家和宗教专家。——译者注

② 约翰·亨利·纽曼（1801—1890），英国高等教育思想家。——译者注

③ 保罗·多伊森（1845—1919），德国印度哲学史家。——译者注

西方的通神论不过是对东方肤浅的模仿，我们对该事实的了解，至今还不够透彻。我们才开始对占星术进行研究，而那对东方人就像每天吃的面包一样。我们对性生活的研究始于维也纳和英国，可是与印度人对其的研究相比，就逊色多了。充满哲理的相对主义，在一千年前的东方文献中已经出现。在中国仅被当成科学基础的非决定论，前段时间才刚刚在西方问世。更有甚者，我还从卫礼贤[①]那里得知，中国古代的典籍清楚记录了分析心理学中一些复杂的心理作用。与东方古代艺术相比，心理分析和由此产生的种种主义——这自然是西方人的成果——只能算作初学之人做的一些尝试。而奥斯卡·施密茨[②]一早就探究过心理分析与瑜伽论的相似之处，在这里顺便提一下。

信仰通神论的人相信，有位圣贤在喜马拉雅山或西藏生活，他能够为人们的思想提供启发或指引，这个观点很滑稽。欧洲人深受东方对神奇力量的崇拜的影响，以至于有人表示，我的灵感一无是处，是那位圣贤的启发，让我形成了自己所有的理论。这种圣贤的神话在西方非常盛行，甚至深受大家崇拜，这是一种重要的心理真相，在这一点上，它和所有神话都没有区别，称其荒

① 卫礼贤（1873—1930），原名理查德·威廉，德国汉学研究专家，曾在中国逗留二十多年，致力于研究汉学，并改了一个中国名字卫希圣，字礼贤。——译者注

② 奥斯卡·施密茨（1873—1931），德国学者，曾翻译出版了中国学者辜鸿铭的著作《中国人的精神》，在西方引起轰动。——译者注

谬是不成立的。我认为，我们现在经受的心理变化，其源头好像就在东方。但此处所说的东方从某种程度上说正潜藏于我们内心，而不是西藏那种到处都是圣贤的寺庙。我们的心理生活内部，会诞生新的心理形式。在我们清除雅利安人放纵的贪欲表现时，这些心理形式会为我们提供助力。对于东方已发展为某种虚无缥缈的无为主义生活的大致轮廓，对于人们将心理和必要生活资料的重要性等同时追逐的那份平稳，我们可能会有所感知。可上述阶段在被美国同化正流行期间，对我们依旧是遥不可及的。我认为我们刚刚迈入了新的心理世纪的门槛，仅此而已。我不敢自诩为先知，但我一定要凸显出动乱中对安定的渴求、危险中对安全的期盼，这样才能整理出现代人心理问题的总纲。新的生活方式之所以问世，不是因为纯粹的想象，也不是因为人们的理想需求，而是因为实际压力的需求。

我的观察结果表明，心理生活对现代人的吸引力，可为当前的心理问题提供答案。悲观之人会将其称为萎靡的象征，乐观之人却会将其视为将要在西方世界诞生的深刻心理变革。简言之，它作为一种象征，意义重大。异常广阔的范围让它更加醒目。它的心理力量重要至极，因为这种力量让世人的生活方式在无形中发生了改变，且无法预测——这点已在历史中得到证实。当前，人们之所以会对心理学感兴趣，初始动力就源自上述力量，很多人直到现在也不知道该怎么观察它们。只要心理生活足够有吸引力，人们不用再为其绝望或颓丧，心理生活就会和病态或错误绝缘了。

远眺无边无际的世界，处处荒芜，处处腐朽。在本能的驱动下，现代人抛弃先人的路，走别的路，一如希腊人、罗马人抛弃奥林匹亚旧神，改信亚洲神秘的祭祀仪式。我们内心潜藏着一种力量，推动我们追逐外部世界，这种力量已经与东方的通神论和神秘力量融合了。这种力量还推动我们格外留意无意识心理，因为力量本身兼顾内外部。它还让我们的内心拥有一种怀疑和坚持，这两点与舍弃两百万神祇之际，释迦牟尼所拥有的一样。释迦牟尼正是借助这两点，才悟出了本原经验，让人为之叹服。

所以，接下来还有最后一个问题不得不提。我所谓现代人的所有情况仅仅是错觉，还是真实存在的？很多西方人必然会把这些当成意外，一点关联都没有。连大多数受过教育的人都会将其视为错误，让人为之惋惜。但我想问，受过教育的罗马人对底层百姓也普遍信仰基督教有什么看法？一如在地中海东边的伊斯兰教徒心中，安拉一直活着；在西方人心中，《圣经》里的上帝也一直活到了现在。信仰一种宗教的人，会倾向于斥责信仰另外一种宗教的人为异端，说其愚昧不堪。若无法改变后者，前者要么会同情后者，要么会包容后者。而有头脑的欧洲人更加相信，对民众或女性来说，宗教能带来好处，但这种好处完全不能和经济、政治带来的好处相比。

我这样做就好比预测晴朗无云的日子会迎来暴风骤雨，因此受到大家的鄙视。做出这种天气预测的人可能会认为，这场暴风骤雨源自地平线以下，未必能到这里。可无论何时，**心理生活最重要的部分都潜藏在意识的地平线以下**。我们涉及的现代人心理问题只包括能看见的事物，只绽放于黑夜的花，这些问题和当事人关系最为密切，且是当事人最脆弱的地方。所有事物在白天都看得见，摸得着，但我们还要度过和白天一样漫长的黑夜。夜里的噩梦甚至吞没了很多人的白天，这些人的白天也变成了噩梦，导致他们会在清醒中期盼黑夜降临。我觉得这种人现在已经多得不计其数，所以我认为现代人的确存在心理问题，一如我之前所言。不过，由于我没能点明在现实世界中，现代人所拥有的众所周知的犯罪感，因此我这种观点可能不够客观。这种犯罪感在国际主义、超国家主义国家联盟等组织中相当明显，并存在于运动中，在电影、爵士乐中则更加明显。

这些都是当前这个时代的病症，其余时代没有。这些病症表明，肉身必然也囊括在人本主义理想之中。运动代表着人类身体独有的价值，一如现代舞。而电影又能让我们体验任何人在生活中都不得不抑制的兴奋、热忱、欲望，不用担心会有什么危险，从这个角度说，电影就像侦探小说。我们能够比较容易地搞清楚，为何这些信号会和心理状态相关联。心理的吸引力赋予自我评价一种新方法，即二次评价人性的主要事实。我们由此发觉，在过去漫长的时光中，身体一直处在心理的抑制之下，对此我们一点也不意外。身体已获得机会，向心理报复。凯泽林[1]曾表示，在我们这个时代，司机是文化领域的英雄，他这句讥讽的话真是直截了当。身体和心理一样拥有吸引力，应得到同等对待。我们若继续遵从那种陈腐的思想，将精神和物质彼此对立，那这一阶段的状况便会形成严重的矛盾，让人不堪忍受，甚至还会让我们自我分裂。但只要我们恢复平和，确信心理在内部，身体是心理的外部表象，二者都是有生命的，是一个东西的两个方面，就能明白，只有给予身体公正的对待，才能超越当前这个阶段的意识状态。另外，我们要了解用心理取代身体的观点，不会被身体信仰接纳。相较于此前某些相同的需求，这些物质和心理生活的需求更加紧迫，所以我们可能会认为，这一现象象征着沉沦。但它同样象征着恢复青春，所谓“危险本身就孕育着救赎的力量”，荷尔德林[2]如是说。

在现实中，我们发现西方世界已刺激产生了美国节奏，比原先的节奏更快。无为思想和归隐这种超凡脱俗的态度，正是它的对立面。外部生活与内部生活、客观实在与主观实在就这样紧张对立起来。这可能是老去的欧洲和年轻的美国最后的竞争。人们可能会在意识中想办法摆脱自然法则的力量，在自然熟睡期间，打一场更加了不起且更加光彩的胜仗。我们不清楚双方有什么优点和缺点，历史会为此做出解答。

---

① 赫尔曼·凯泽林（1880—1946），德国哲学家。——译者注
② 弗里德里希·荷尔德林（1770—1843），德国诗人。——译者注

我如此大胆，发表了如此惊人的观点。我想在这篇论文的最后，返回我在本文一开头承诺过的谦逊、慎重。我的话仅仅是我个人的看法，我的经验微不足道，我的学识如此肤浅，与显微镜中的视野相差无几，我的见识只局限于世界一小部分，我的观点仅仅是种主观表达，这些我全都铭记于心。

第

3

章

个体心理的觉醒

若将当时的人视为独立个体，会发现每个人都已严重分化，他先借助高尚的自我，证明自己的确征服了环境，然后开始追求相互之间没有任何关系的地位与爱好，在此期间将自己撕碎。通过这种方式，他频频改变自身，到了最后，深陷于与自己的绝望对立之中。这种对立最终让他日渐衰落，因为巨大的洪水，他已征服的世界被毁灭，破坏的全过程就此结束。

要让大众理解心理学的意义，难度极高。我在一家精神病院做医生期间，已经开始遭遇这种难题了。我跟其他精神病医生一样，惊讶地发现大众对心理健康和疾病的了解，比我们这些医生还要多。大众经常跟我们说，病人并未真正爬到墙头上，这是什么地方，病人其实很清楚，他认出了自己的亲人，还记得自己的名字，所以他仅仅是有少许情绪低落或兴奋而已，没有生病。精神病医生说他生病了，这种说法根本是错的。

我们在这种常见情况的引导下，进入了真正的心理学范畴。这里出现了更加糟糕的状况，所有人都觉得对心理学了解最多的，非自己莫属，都觉得心理就是自己的心理，而自己当然最清楚自己的心理，并相信所有人的心理都跟自己一样，即本能地认为自己的心理构造相当普及，基本所有人都与其他人，即都跟他自己没什么两样。夫妻都对彼此怀有这样的假设，父母和孩子也都对彼此怀有这样的假设。这就好比所有人都有一条直通自己心中正在发生的所有事情的管道；好比他非常熟知自己的心，要发表对它的看法，自己的身份、能力都不成问题；好比他的心理便是适用于全体人类的标准心理，并确保他能凭借自己的身份、能力，假设自己的情况就是普遍适用的规则。大家一般会在发现该规则对其他人并不适用，别人是的确有别于自己时，觉得惊讶乃至害怕。大家通常不会觉得这些心理方面的差异奇怪且充满趣味，只会觉得它们是自己无法认同的失败，是自己无法忍受的过失，一定要对其进行谴责，乃至确定其罪名。这些显著的区别让他们承受了宛如背叛自然秩序的折磨。它们就像一定要马上纠正的惊人错误，或应给予相应惩处的罪行。

有种心理学理论得到了大众的普遍认同，对此大家都了解。该理论基于这样的假设：人类心理在方方面面都是相同的，所以在对其进行解释时，不妨彻底抛开环境的差异。可是，这种简单至极的理论假设，却与以下真相产生了矛盾：所有人的心理都差异显著，且基本都能生出数不清的变化。还有种理论在解释精神世界的各种现象时，多从性欲出发，另外一种理论却多从权欲出发。这两种不同的理论产生了相同的结果，即二者都更加固守自身原则，并展现出一种显著的倾向，希望自己能变成拯救世界独一无二的好方法。二者都对对方持否定态度，外人对它们的态度则很不统一。坚持这两种理论的人竭尽所能无视对方，但矛盾冲突已经出现了，这种做法根本于事无补。答案其实简单至极：两种理论都是正确的。因为其中每种理论描绘的心理，都与坚持该理论之人的心理很接近。我们在这方面完全赞同歌德的观点，它“能配得上领会它的精神”。[①]

---

① 参见《浮士德》上部。——原注

返回本文的题目，针对那些思维简单之人的深刻成见，我们更认真地做一番思考，确定他们的想象是否成立，是否所有人都和他们一模一样。虽然心理差别通常的确能作为理论方面的可能性，获得大家的认可，但世人基本不会记得，其他人与自己是不一样的，思考、感受、看待事物的方式都不一样，想要看见的事物也截然不同。可惜一如我们看到的，连科学理论也常常以这样的假设为基础：一只挤脚的鞋子挤的部位肯定是相同的。除了心理学家相互间这种充满趣味的争执，还有一些平等主义假设，其本身具备社会政治性质，自然要严肃很多。不过，个体心理的区别，也被这些假设遗忘了。

我开始思索这些短视、狭隘的见解存在的原因，以避免自己因这些见解陷入烦恼，得不到任何结果。我在这种追问的指引下，开始对原始民族的心理展开研究。许久之前，我就开始被以下真相感动：有种朴素、纯真、孩子般的东西，存在于成见最深、最坚持心理统一的人身上。你的确能从原始社会看到，除了从自己身上推广到其他人身上，该假设还推广到了动植物、河流、山川等所有自然物身上。它们全都拥有人类的心理，连树、石头都会讲话。另外，动物中也出现了草原狼医生、鸟医生、人狼等，一如人类之中那些显然有别于普通人的人，会因此被推举为巫师、酋长或医生。人们会将这种荣誉授予任何有反常表现，从而打破大家各自心领神会的统一性假设的动物。很明显，这种成见属于原始心理结构的残留，却非常强大，大致以还没有彻底分化的意识为基础。人类经过长时间的发展，才产生了个体意识，或者说自我意识，其以单纯的集体意识作为原始的形式。这种集体意识在存续至今的原始部落中，通常只有微不足道的发展。很多部落甚至没为本部落命名，以免和其他部落混淆。比如，我曾在东非看到一个部落，只以“在此处居住的人”称呼本部落。这种原始的集体意识至今仍在我们的家庭意识中存活。很多时候，我们都会看到某位家庭成员在介绍自己时，至多只能说出家人对自己的称谓，这一称谓很明显已经彻底满足了此人。

个人在这种集体意识中，谈不上什么特殊，能够相互对调。不过，由于这种集体意识有分化的前兆，因此，不能算是水准最低的意识。我们能从最低最原始的水准中发现总体意识或者说宇宙意识的存在，其根本无法意识到主体自身。这种意识水准中不存在活动的人，只存在事件。

所以，一件事能带给我快乐，必然也能带给其他任何人快乐，我们这种假设便是原始的意识黑夜的残留。所有人在这种意识黑夜中思考、感受、行动时，采取的都是相同的方式，彼此间并没有能够感知的差异。若发生了一件事，表明一个人的思想有变，马上就会打搅到其他人。原始部落中最让人害怕的，就是一样东西违反了常态，大家马上会猜测它会带来威胁，要与众人为敌。现代人也保留着这一原始的反应，我们会在遇到持有不同观念之人的瞬间，大发雷霆，也会在自己的审美遭到别人劣价的瞬间，产生受辱的感觉。对于思想有别于我们的人，我们会继续加以迫害。我们依然在为强迫别人接纳我们的观点，倾尽全力。我们还在为了解救异教徒脱离那必然是为他们准备的地狱，尽可能感化他们。而对于以一己之力坚持自己的信念这件事，我们却满怀恐惧。

一开始，个人对自己没有意识的心理状态，便是所有人的心理都一样这一观点的源头。在那个古老的世界，只存在集体意识，个人意识尚未出现。个人意识后来逐渐发展到了比较高的水准，从集体意识中展露出来。个人意识必须有别于其他人的意识，才能存在。可用火箭比喻意识发展的过程，其在黑夜中上升、飞散，变成五颜六色的火花。

作为一门经验科学，心理学最近才问世，还处在婴儿时期，存续时间总共不超过半世纪。因为所有人的心理都是一样的这种假设，导致心理学无法在更早的时候出现。由此可见，所有分化产生的意识有多年轻，长期的睡眠过后，它清醒过来，察觉到自己的存在，过程迟缓、笨拙。现在我们的意识只达到了刚学会说“我”的孩子的水准，觉得我们的意识已经达到了较高的水准，只是种幻觉罢了。

人类心理的差别有多显著，是我最重要的发现成果之一。**集体心理**相同若不是原始事实和孕育一切个体心理的母体，自然就是一种庞大的幻觉，仅此而已。不过，集体心理相同在我们各自拥有个人意识的前提下，继续作为集体无意识存在，一如承载着自我小船的海洋，对此不必有任何质疑。原始的心理世界因此得以保留了原先的一切。人类的原始无意识压制并包围着个人的意识，一如海洋伸出自己巨大的舌头，将一块又一块陆地围成了一座又一座岛屿。当致命的精神病降临，肆虐的风暴与海浪将岛屿吞噬，让其回归海底。神经症带来的困扰包含着一些海堤的崩塌，潮水肆意摧毁了低处原本受堤坝保护的结满果实的土地。可将各种类型的神经症病人当成在海边生活的人，其受海洋带来的威胁影响最大。健康之人则不会受到哪怕再大的海潮的影响，他们生活在陆地上，天气干燥的高原上，周围顶多只有宁静的湖泊或小溪。他们根本不承认自己被海洋包围，因为海洋距离他们太远了。个人确实能对自我认同到这种程度，以至于和其他所有人都失去了关联，再也找不回自己的人性连接。这是种很常见的状况，因为任何人都不愿跟其他人一模一样。在任何情况下，原始的自我为中心都相信，其他人需要做出改变，而“我”不需要。

险恶的无意识大海将个人意识环绕其中。表面看来，我们的意识十分稳固，其实却非常脆弱，基石很不稳定。一般说来，理智只需一种激烈的情绪，就会失衡，这点能从我们的语言表达中得到证明。以下说法都很常见：某人因为愤怒“无法自控”，“完全忘记了自己”，大家都“不认识他了”，“他被魔鬼迷惑了心智”，或你因某样东西“丢了魂”，“发了疯”，“你在做什么，你自己都不清楚”。情绪能轻而易举毁掉我们的自我意识，可见一斑。通常情况下，这种干扰都是缓慢进行的，能让意识发生持久的转变。我们完整的生命轨道能在一些激烈心理变化的作用下，在无意识内部潜藏许多年，消失得无影无踪。性格的持久转变其实比较常见，据此可以说某个人在这些经历过后，“彻底变成了另一个人”，这种说法是成立的。除了存在劣质遗传之人、神经症病人，健康之人也会经历这种情况。用专业术语称呼感情造成的干扰，就是“分裂现象”，这通常都预示着精神分裂。这种分裂存在于所有意识冲突中，能达到非常严重的程度：为了威胁破裂的意识构造，可以让自身彻底瓦解。

哪怕在内陆世界生活，并因此忘记海洋的人，他们脚下的土地也并不坚固，非常容易破裂，洪水随时涌过来，将他们包围起来。通过部落生活和自己的心理，原始人了解到了这种危险。一如他们所言，失去灵魂与掌控灵魂是这些“灵魂的危险”中最严重的两种情况。这两种情况都是分裂：他会在前一种情况发生时表示，灵魂脱离了自己，游荡到各个地方；至于第二种情况，往往是某个陌生灵魂以让人不悦的方式进入他的身体，并在其中生活。用这种方式表述，准确呈现了当前所谓分裂现象或是分裂状态，只是听上去略显怪异。这些症状也会出现在健康之人身上，因此并非纯粹的病症。幸福感缺乏稳定性，心情的非理智转变，情绪的忽然发作，忽然对所有事物都不再感兴趣，精神麻木、迟缓等类似情况，都是这些症状的体现。更有甚者，原始人那种被称为鬼神上身的精神分裂状况，也会出现在健康之人身上。对于疯狂的恶魔，健康之人并无免疫力，他们也会屈从于迷人的诱惑和片面的信念之下。这些东西在健康之人和他们最珍而重之的事物中间挖了个很深的墓坑，不仅如此，它们还让健康之人心理分裂，痛不欲生。

原始人将精神分裂评价为不恰当且不健康的，在这一点上，他们与我们没有区别。不过，双方对此的称呼不一样，我们称其为心理冲突、神经紧张、精神崩溃。《圣经》将动植物、人类和上帝得以继续维持的和谐关系，也就是乐园这种象征，放到所有精神发展的起点，还公然表示“和神明一样，你们也将了解善与恶”这种最早的意识曙光，是一种足以致人死地的罪恶，这必然是在暗示什么。原始的黑夜被意识神圣地统一掌控，毁掉这种统一，对朴实纯真之人而言，确实堪称罪过。

不过，意识却是知识大树的果实中最应该被珍惜的。人们能战胜大地，靠的就是这种奇妙的兵器。我们期待人们能借助它，取得更大胜利。

个人意识是离别和背叛的代表。人们在漫漫历史长河中，对此有过不计其数的体会。个人的分裂时期就是生病时期，这点对全世界都是成立的。我们的这个时期就是分裂、生病的时期，我们不能否认这一点。人们只要有少许责任感，还会对这种转折时期产生满足感吗？没人会觉得当前的世界很舒服，对此我们不能不承认，否则就不够真诚。这个世界带给人的舒适感觉，确实在不断下降。我们经常听到的词语“危机”，其实是从医学方面警告我们身体中的疾病已达到高潮，非常危险。意识不仅是最大的善，还是最大的恶，所以一旦拥有意识，人类的灵魂中便会有分裂扎根。估量当前这个时代的疾病，颇具难度。不过，对人类疾病史的回顾表明，要观察早期的疾病发作，没什么难度。1 世纪，疾病在罗马世界各处诞生，是其中最严重的发作。分裂在当时有如下表现：政治和社会崩溃到空前的程度，宗教和哲学发生矛盾，艺术和科学出现衰退，让人遗憾。若将当时的人视为独立个体，会发现每个人都已严重分化，其先借助高尚的自我，证明自己的确征服了环境，然后开始追求相互之间没有任何关系的地位与爱好，在此期间将自己撕碎。通过这种方式，他频频改变自身，到了最后，深陷于与自己的绝望对立之中。这种对立最终让他日渐衰落，因为巨大的洪水，他已征服的世界被毁灭，破坏的全过程就此结束。

与其余研究人员类似，我经过对人类心理的长时间研究，内心逐渐建立了一项基本公式，即不能只从一个方面，也要从另外一个方面观察心理现象。无论何事最少都有两个方面乃至多个方面，这是经验告诉我们的。“重要的事未必那般重要，不重要的事也未必那般不重要。”这是迪斯雷利的名句，是用不同的方式表达相同的真相。除此之外，还有一种假设是所有心理现象都能从与自己对立的情况中得到解释。

所以，世界的分裂也是康复的过程，或者说妊娠高潮，是分娩极度痛楚的预告。分裂时期也是重生时期，一如其在罗马帝国时期的状况。奥古斯都时期的人，目睹了基督象征形象的问世，因此将这段时期作为人类纪元的开始，是有依据的。基督统治着刚开了一个头的双鱼座时期，因此它被初期的基督教徒当成鱼来供奉。此后两千年，基督的精神始终占据统治地位。他来自海洋和远古时期的黑暗中，让世界的一个阶段走向终结，宛如巴比伦传说中的老师奥安尼斯[①]。“我带来的是兵器，而非和平。”这句话确实出自基督之口。可到了最后，引发分裂的却带来了统一，所以基督的教诲是爱的教诲，能将所有人团结在一起。

我们占据着有利的地位，能认真观察历史事件，而这得益于我们与这些历史之间的距离。我们若是生活在这些历史事件发生的时期，很有可能会无视它们，与当时的很多人没有分别。那时候，只有为数不多的卑贱之人才能收到基督的福音，能给人快乐的好消息。生活表层则被政治、经济和体育充斥。刚被征服的东方世界为罗马带来的精神养料，成了宗教、哲学想要吸纳、同化的对象。可是芥菜种子必将长成大树，这一点却基本无人留意。

中国古代哲学包含着阴阳两个相反的元素，前者表示黑暗，后者表示光明。有种说法称，一种原则的力量达到顶峰，相反的

① 古巴比伦传说中半人半鱼的怪物、文明的传播者，他教授了民众各种知识。——译者注

原则便会在其中萌发，宛如种子胚芽。任何文明发展到巅峰，之后都会迎来衰落，只是时间早晚不一。不过，这种陷入混乱状态的衰落会在黑暗中孕育新光明，哪怕其表面看来没有任何意义，只会让人看到它内心满怀厌憎和绝望，也不会改变这一点。

第

4

章

我们对梦的成见和新知

很多人从内部切断了与人类的关联，而且对自己压抑至极，认为自己有的问题，在其他人身上都看不到。还有一些人谦虚过了头，他们几乎不会要求社会承认自己，因为他们觉得自己并非实体。所有个人的问题，其实都与时代的问题存在某种关系，以至于一定要站在人类总体处境的角度，透彻观察所有主观困境。可是从这种角度出发的做法，只有在以下情况下才被准许：被谈及的梦的确属于神话类型的梦，且运用了集体象征。

我曾尝试在古典衰落阶段塑造一个人的形象，表现其心理分裂，以及如何在可悲的软弱中失去对身边一切的掌控，最后遭到毁灭。设想一下，此人找我咨询心理问题，我对他的诊断结果如下："你之所以生病，是因为过度紧张。而过度紧张则要归咎于活动过多，以及不加克制的外向。在宏大、复杂的事业中，在个人、人类的义务中，你丧失了理性。你与代表着欧洲现代精神的克鲁格[①]是同类人。亲爱的先生，你正急速走上穷途末路，对于这点你务必要有意识。"

对他来说，这种意识格外重要，因为所有病人通常都会具备以下危险的倾向：永远走在同一条路上，哪怕此举早就被证实没有任何效果，除了让形势恶化，什么作用都发挥不了。可等待，同样毫无效果，病人马上会发问："既然如此，又该做些什么？"

这位病人本身颇有学识，各种治病良方、食疗方法，以及有头脑之人为他提供的意见，他都尝试过了，所以我们对待他时，只能采用对待蒂尔·奥伊伦斯皮格尔[②]的方式。奥伊伦斯皮格尔

① 伊瓦·克鲁格（1880—1932），瑞典著名金融家，人称"火柴大王"，因为金融投资决策失误而自杀。——译者注

② 蒂尔·奥伊伦斯皮格尔是德国古代有名的恶作剧创作者，他创作的恶作剧为后世的文学创作提供了丰富的素材。——译者注

经常在爬坡时大笑，在下坡时大哭，而他独有的智慧就藏在白痴的盔甲之下：爬坡期间，他已开始为将要到来的下坡庆祝。

务必要让病人的精力集中于正在他体内生长的整合胚芽，创造、孕育都在这里进行。而表明一切裂痕、瓦解，最深层次的原因就是创造与孕育。文明可以重生，因此不会走向衰落。我们这个时代的前几百年间，在罗马世界被对恺撒的崇拜以及愚蠢环绕的各种政治矛盾、野蛮推测中，有个观察力很强的人高声说出了确定无误的结论："黑暗之中，一个将要开始的时代正在孕育，其胚芽在一切缺少目标的疑惑背后生长出来，长成后的大树能为所有国家遮荫。从远西的图尔到波兰，从北方连绵不绝的山脉到西西里，这些国家都将在其团结下，形成一种信念、文明和语言。"

心理的规则就是如此。可从头到尾，我的病人根本一点都不相信。他的最低要求是能对这种事有切身体会。这便是难题的起点，因为最出人意表、最不合情理之处，往往会成为对立互补出现之处。假设我们这位病人是一个活生生的现代人，欧洲现代文明的典型代表——这很遗憾——而不是那个逝去已久的文明抽象、空洞的代表，那我们马上就能发现，对他来说，我们的互补理论根本毫无价值。他对一切都有着太过清晰的了解，并能对一切进行分类，将其分别放到各自应有的位置上，这便是他生病的主要原因。而他的心理更加属于他本人的创造和意志，且对他的理智绝对服从。如果它并未百分百做到这些，并且还是出现了多种病症，包括焦虑状态、强迫思想等等，那还是能借助医学为其提供科学合理的解释。病人完全不清楚我在说什么，因为他从未听说过心理是种原始经验，以及不应将其归因于其他任何事物。可是他最终还是相信，自己对我的说法已彻底了解。

你完全没办法与这种精神状态争辩，它藏身于书籍、报纸、舆论、社会组织、职业成见建造的厚实墙壁背后。要冲破它的防线，是不可能的。那种能让它与世界、与自己联结起来的初生胚芽，就更不可能冲破它的防线了。胚芽这么小，这么荒诞，甚至愿意马上去死，以达到谦逊的目的。既然这样，我们是不是就只能引导我们的病人到某个地方，让他至少能从某种事物中获得少许隐晦的暗示——这种事物有别于其他事物——**能对抗这个他了解得太过清晰的平常世界**？最初，我们只可以从曲折、狭窄的道路上引领他进入心理的偏僻之处，那里黑暗、荒诞、无意义且毫不重要。我们被迫从那条荒废已久的小径向那成名已久的幻象进发，这种幻象却不过像全世界都了解的那样……心理这个偏僻之处其实就是梦，而梦仅仅是黑暗的奇怪幻象，眨眼就会消失。我们对于梦的理解就是那条小径。

我的一位病人将怒气冲冲地大叫，宛如浮士德：

我讨厌这个巫婆的欺骗！这就是你的承诺吗？我的治疗就应在这发疯的洞中，借助这种晦暗不明的忠告，从衰老妇人启发得到的真理中获得？你不能制造属于自己的灵药吗？

（《浮士德》上部）

我是这样答复他的："那么多种灵药，你不是都一一试过了吗？你付出的一切都只是让你在原地打转，回归当前混乱的生活，这些不都是你亲眼看到的吗？在你自己的世界里，你都无法找到另外一种观察问题的角度，那你要从何处才能找到这种角度？"

梅菲斯特[①]嘟嘟囔囔表示赞同："从巫婆进门之处。"如此一来，他本人的罪恶歪曲便将凌驾于自然秘密之上，从而让以下真相颠倒过来：梦是心灵的影像和"白昼光芒中神秘的宁静"。**在灵魂最深处、最不为人知的通道中隐藏着一道通往宇宙黑夜的小门，这就是梦。**这种黑夜在我们的自我意识出现之前，便是我们的心理，且将一直是我们的心理，我们的自我意识的扩展不会对此造成影响。一切自我意识都彼此孤立，它只能了解独特事物，只能见到与自我相关的事物。就算自我意识能到达宇宙最遥远的星云，它依旧以受限作为自己的实质。任何意识都是相互分离的，但我们进入梦中后，就拥有了一种人的共性，这种人在原始黑夜中生活，更加广泛、真实且恒久。他在其中还是一个整体，与一切自我性脱离了关系，他本身具备整体性，与自然密切相关。

这种将所有事物都联结起来的情况内部，刚好就是梦的源头。梦与天真、怪异、不道德都毫无关系。梦如此坦诚，宛如一朵花，让我们因自己人生的虚伪而自惭形秽。难怪那些给人留下深刻记

---

① 歌德《浮士德》中的魔鬼，浮士德向其抵押了自己的灵魂。——译者注

忆的梦，在各种古代文明中都会被奉为神明的指示。现代理性主义还是会将梦解析成白天的残留，好像原本在拥有很多意识的餐桌上的面包屑，却掉进了黑暗的世界中。这黑暗幽深的地方只装着从上面掉下来的东西，而这个地方本身只是个空空如也的袋子而已。可是人类广阔的文明范畴内，一切高贵而美妙的事物都会以幸运的念头为源头，为何我们会经常遗忘这点？如果人类从现在失去了这种事物，会变成什么样？只怕我们的意识才是那个袋子，其中只装着刚好掉进去的东西，这样说更符合实际。我们对幸运的念头有多依赖，我们本身一直估计不足，直至我们发觉自己不再产生这种念头，这让我们很难过。**梦源自那个将所有事物都联结起来的黑暗心理世界，一个梦便是一个幸运的念头。**在世界表面数不清的表象和彼此分离的细节中迷失方向后，对我们来说，最自然而然的举动不就是轻轻敲响梦的小门，让它赋予我们一些东西，好让我们更加接近人类生活的基本真相吗？

我们在此需要面对这样一种执拗的成见，它相信这么虚幻的梦完全谈不上真实，梦是个骗局，是对欲望的满足，仅此而已。实际上，这些全都是为了避免仔细探究梦的借口，因为这种探究会让我们觉得非常别扭。我们在专横的自我意识驱使下，情愿疯狂地喜爱隔离与孤独，全然不理会这会带来什么麻烦。我们愿意为此做任何事，却拒绝承认梦是真实的，它在描述真理。部分圣贤做的梦，也有一些相当粗俗。如果梦里的猥琐是真实存在的，那他们的神圣去了何处？因为这种神圣，他们才能凌驾于俗世的平民百姓之上。可是我们与其他人的血缘关系，恰恰是从这种粗俗的梦中得到凸显，本能的衰减让我们变得自大，这份自大也因此被最大限度地削弱。就算全世界都将变成一地碎沙，没有任何转圜的余地，心理也将继续保持其统一性。内部的统一性会随着表面裂痕的增大增多，变得更加强大。

对此没有切身体会的人自然不会相信，还有独立的心理活动存在于意识之外，更加不会相信除了自己，其他任何人身上都会出现这种活动。若对比现代艺术展现出的心理和心理学的研究成果，对比它和神话、哲学的研究成果，就能证实这些集体的、没有被意识到的元素，确实是存在的。

可是我们的病人已经习惯了自己掌控自己的心理，所以必然会说自己从未在自己的心理活动中发现客观事物，自己的心理活动全都属于最主观的事物，在人类的想象范畴以内，以此作为反驳。我的回应如下：“既然这样，只要你说出那个奇妙的秘诀，必然就能让你的焦虑、强迫思想和让你痛苦的糟糕情绪马上消失。”

他那种现代人的幼稚让他根本不会留意，自己已经被自己的病态掌控了，一如黑暗的中世纪，女巫与迫害女巫之人的关系。当时的人称其为恶魔，现代人则称其为神经症，称呼不同是二者仅有的区别。但这两种称呼却是指同样的对象：一种历史悠久的经验，即心理内部一种让我们感到陌生的客观存在，它正在脱离我们的掌控，行使自己的主权，与我们的意志对抗。与《浮士德》

里的“尾脊幻视者”相比，我们的状况绝不会更好，当时，此人惊讶地叫道：

太荒诞了！你们还想留下来？快滚，你们是什么东西，我们都已经知道了！这群恶魔其实根本没被吓到：忒格尔在我们变得开通后，依旧有鬼出没。

（《浮士德》上部）

若能遵从这种争辩的逻辑，我们的病人必然会收获良多。他面对已经打开的通往心理的道路，竟马上走向了另外一种成见，而这种成见会为他的前行制造障碍。他会这样说：“即便如此，即便我正在体验那种心理力量，若你愿意，依旧可以称它为与我的意志敌对的客观心理要素，只是它依然完全属于心理，依然很隐晦，不值得信赖，在现实生活中无关紧要。”

人们会落入名词的圈套，这很让人意想不到。**人们总是怀有这样的观点，一样东西是什么样的，要看其有什么名字，好像我们冤屈了恶魔，才会称其为神经症。**这种幼稚的特色源自纪元之初，当时的人还在把玩那些有魔法的词语，这一情况残留至今。可是，就算对恶魔或是神经症背后的东西一无所知，我们还是能为其取名。到底何谓心理，我们的确搞不清楚。我们若不是尚未搞清楚何谓“无意识”，也不会提及“无意识”。一如物理学家对物质的了解极少，我们对“无意识”的了解也极少。除了与物质相关的理论和观点外，物理学家什么都不清楚。物理学家在描述物质时，有时采用这种方式，有时又采用那种方式。在一段时期内，他的描述很恰当，但之后的新发现又会引发新观点。不过，这些都不会作用于物质，莫非只因为这些，物质就会遭受损失？

我们所谓的无意识心理或是客观心理摆在我们面前时——这些陌生事物将会打搅我们，而我们对它们却一无所知。大家凭借一种表面的公正，以性欲或是权欲作为对其的定义。可是对其真正的意义来说，这种观点一点都不公正。很明显，性欲、权欲这些本能只说明人们的理解力非常狭隘，不能说明生命所有的重要意义。这些本能背后藏着什么？不妨把无意识当成生命本能的对外呈现，把这种创造并维系生命的力量与柏格森的生活力乃至创造性绵延同等看待。叔本华的意志，同样能拿来进行类比。我还认识一些人只为那种陌生的心理力量让他们领会了宗教体验有何意义这一简单的原因，就觉得那种力量神圣而隐秘。

我对外宣布，在现代世界的精神混乱之中，梦为我们带来了内部消息，因此，对于我那些病人的失望，以及大众对我的失望，我都能百分百理解，这点我要承认。梦这种不合常理的状态，除了让人觉得荒诞外，没有任何作用。梦可以做什么？在强大的现实世界中，主观放纵、毫无价值的梦能发挥何种作用？要对抗现实，不能借助梦，只能借助视觉、触觉感知的现实。干扰我们睡觉，让我们翌日情绪低落，是梦唯一的作用。建造房屋、缴税、打胜仗、化解世界性危机，这些全都无法借助梦实现。所以，与一切理性之人一样，我的病人也想从我这里知道，处在这种让人不堪忍受的环境之中，他到底可以做些什么，方法要恰当，并要与常识相符。可是，看似恰当的方法好像都是由无法应用于现实的意愿幻觉组成的，全都已经付诸实践，却没有取得任何成果，这是仅有的阻碍。这些方法之所以被选中，依据自然是已有问题的见解。比如，一个人将自己的事处理得乱七八糟，接下来当然会思考如何让其回归正轨，为了振兴自己衰落的事业，他将动用特意为此想出的各种方法。这些治疗方法都尝试完毕后，会出现何种状况？只会出现更加糟糕的状况，跟一切合情合理的期望对立。我的病人面对这种状况，只能及早放弃这种“合理”的疗法。

我的病人就处在这样的环境中，也可以说我们这个时代同样如此。病人很心急，问我：“我该怎么做？”我只好说：“我也不清楚。”“一点法子都没有吗？”我说人类在前行的道路上走到这种无路可走的地步，是极为常见的，由于所有人都在为摆脱当前的困境，制定自己聪明的计划，因此无人了解应该如何处理这种情况。大家选择的方向是错的，所有人都不敢承认这一点。可事情在这种时候忽然出现转机，虽然与过去相比，有着悠久历史的人类，有少许差异，但还是得以存续下来。

在认真观察人类历史的过程中，我们只能看到表面发生的事情，而传统那面晦暗的镜子，把这些事情都扭曲了。真正发生过的历史事件都被埋藏在地下深处，无人能看到它们，不过，所有人都能感受到它们，所以它们通常会在历史学家的追踪下逃脱。所有战争、朝代、动荡、征服、宗教等等，都只是对这种秘密心态的对外展现。而即便是这种心态的所有者，也对这种心态没有了解。至于历史学家，他们并不会转述这种心态。我们要想获取相关的关键信息，可能只能求助于各种宗教的创立者。世界历史上那些大事并不重要，个人的性命才最重要，这是历史唯一的创造者。而了不起的转变第一次出现，未来和世界历史整体从个人生活最不为人知的渊薮中跳出来，做出宏大的总结，也是在这种时刻。**我们在自己最个人化、最主观的生命里，是自己所处时代消极的见证者、受害者和创立者，我们的时代是由我们自己创立的。**

所以，我若向自己的病人提议，留意自己的梦，就是让你留意自己最主观的部分和生命源头。**你自己并不清楚，你正在其中创造世界历史。**你不能对你那明显无法摆脱的困境做任何事，如若不然，你就会白白浪费自己的人生，去寻找所谓的灵药，而从最初的时候，你就已经了解了这种灵药有多愚不可及。梦是对你内部生命的表述，能展现你在让自己身陷困境时，采取了何种虚为的态度。

我们无法掌控的无意识心理自然而然产生了梦。梦作为一种自然的产物，是纯洁无瑕的。梦在我们面前展现的真实，没有任何装饰。正因为这样，当我们的意识过度偏离梦的基础，无路可走时，梦就能返还给我们一种天然的态度，与我们的基本人性相符。

关注梦是一种反思自我的方式，相当于思考自己。这种反思准确说来是将精力集中于梦的客观实在和大家尚未意识到的人类共同灵魂信息，而不是集中于自我意识。这是反思自性，而非反思自我。与自我关系疏远的陌生自性，重新回到了记忆中。这种自性一开始就属于我们，正是从自性的树干上，才生长出了自我。只因我们在自我意识走上错误道路之际，与自己的关系疏远，自性才会变得如此陌生。

可在一个真实的梦面前，就算我们接纳了上述提议，赞同梦是无意识心理生活自然而然产生的事物，而不是主观、草率的发明，我们还是不敢从梦中挖掘关键信息。长久以来，教会从未放弃压制梦的解析取得的成果，这种解析属于巫师玩弄的花招。就算到了20世纪，我们在该领域已经比较开通了，但对于梦的解析，我们还是怀着谈不上友善的态度，毕竟在世人对梦的解析的所有观点周围，围绕着太多的历史成见。梦的解析有什么值得信赖的方法？大家会这样提问。我们能不能相信种种推测之中的任意一种？我对此的担忧，不比其他任何人更少。我确信，值得信赖的解析梦的方法，实际并不存在。只有在最有限的范围内，才存在对自然事件绝对值得信赖的解释。人在这种范围内得到的解释带给他的收获，绝对不会比他能赐予自己的更多。所有对自然做出解释的尝试，全都属于冒险。值得信赖的方法要等前期工作取得成效后，再过很长一段时间才可能出现。众所周知，弗洛伊德写了本书，主题是梦的解析，可是他的说法刚好跟我刚刚提出的观点相符，即与他的理论准许我们放入梦中的事物相比，我们从该解释中得到的事物不会多一分一毫。对拥有绝对自由的梦中生活来说，这的确是种极不公正的看法，只会掩盖梦的意义，不会把这种意义展现出来。而想到梦的丰富多彩，我们就难以想象，自己可以借助某种方法或技术得出结论，而且必然是正确的。找不到一种值得信赖的方法，确实有利无害，否则梦的意义事先便会被约束，从而让提供新见解这种梦在治疗目的方面的价值消失。

所以，应**把所有梦都当成未知客体一般**，认真对待。在观察梦时，应竭尽所能从各个角度出发，应将梦放在手里，或时刻将其带在身旁，把梦当成自己想象和谈论的对象。原始人往往会把自己记忆深刻的梦告诉其他人，并在公共场所讨论这些梦——只要这样做可行的话。在古代后期，同样流传着这样的风俗习惯。无论古代哪个民族，都相信梦的意义非同一般。这些对梦的意义的判定全都很草率——危险就是由此产生的——这点基本不用我来点明。大家会为梦的意义制定大小不一的限制，依据就是自身的经验、气质和喜好。部分人只要有一些肤浅的见解，就能满足，部分人却希望多多益善。梦的解析者有何意愿，对梦有何期待与要求，很大程度上决定了梦的意义，或者我们对梦的意义的解析。解析者在解释这种意义时，会下意识地被一些既定假设引导，这一点则由他的谨慎与真诚决定，也就是这种解释会让他有所得，还是只会让他错得更离谱，这点将由他谨慎且真诚地做出判断。我们能就其中牵涉的既定假设确定，梦是种下意识的自然现象——即使它的确有可能先变形，然后才被我们意识到——而非自我意识毫无价值的创造。其中的变形基本无法察觉，因为速度太快了，且是自觉的。所以，假设变形同样属于梦的功能，不会引发异议。而假设梦源自我们的生命中没被意识到的部分，所以梦是其呈现出的一种现象，我们可以据此对自己生命的天性做出推断，同样不会引发异议。梦在我们研究自己的天性期间，堪称最恰如其分的中介。

解析梦的过程绝不能有任何迷信的假设。比如，首先应摒弃如下观点：将梦里的主角当成现实中的人。人首先会梦到自己，这点大家不应忘记。这里基本没有例外的情况，所有例外都要受既定规则约束，要对此展开深入讨论，对我来说是不可能的。如果承认人首先会梦到自己，那在某些情况下，我们便会发现一些很有意思的情况。在我的印象中，有这样两个病例颇具引导性：第一位病人梦到一个流浪汉喝醉了酒，在一条水渠里躺着；第二位病人梦到一个风尘女子喝醉了酒，在泥水中滚来滚去。这两位病人分别是神学家和上层社会的高贵女性。两人都坚决否认自己梦到了自己，为此既气愤又惊讶。尽管如此，我还是好心劝导他们拿出一个小时做自我反思，诚心诚意好好思考一下，在哪些领域，他们跟自己喝醉酒的兄弟姐妹相比，好不到哪里去。了解自己的过程确实很玄妙，而类似的迎头痛击通常会成为该过程的开端。出现在我们梦里的“其他人”就是我们本人，属于我们本人的“第三人”，而非我们的朋友或是邻居。我们宁愿对这“第三人”说：“神啊，我对您心怀感恩，因为我没变成跟这种税吏、罪犯相似的人。”这种梦是自然的产物，它很明显只是再度强调了所有树都不能长到天空那么高的规律——该规律无人不知——而不包含半分道德目的。

此外，对于无意识包括的一切没被意识到的事物，我们若还有印象，并由此具备了补偿的倾向，那我们就能得出一些结论。这样做的前提是假设梦不是源自太深层次的心理。一般说来，这种梦包括各种神话主题和神话包含的观念、意象的各种组合。这些主题和组合，在我们的民族或其他民族的神话中也能看到。此时的梦具备一种集体意义，这是全人类共有的财富。

之前，我们说人首先会梦到自己，这种观点与我们现在的观点并无矛盾。我们每个人都与其他所有人存在相像的地方，完全有别于他人的人是不存在的。所以，具备集体意义的梦，首先对做梦人来说是真实的，有效果的，其次还说明做梦人有的问题，其他人也有。这点极具现实意义，因为很多人从内部切断了与人类的关联，而且对自己压抑至极，认为自己有的问题，在其他人身上都看不到。还有一些人谦虚过了头，他们几乎不会要求社会承认自己，因为他们觉得自己并非实体。所有个人的问题，其实都与时代的问题存在某种关系，以至于一定要站在人类总体处境的角度，透彻观察所有主观困境。可是从这种角度出发的做法，只有在以下情况下才被准许：被谈及的梦的确属于神话类型的梦，且运用了集体象征。

原始人将这种梦称为“大梦”。在东非，我对这种原始人做过观察，他们自然而然地相信会做“大梦”的只包括医生、巫师、酋长这些“大人物”。从原始人的角度看，这一点可能成立。不过，在我们这里，普通人，尤其是智慧、精神陷入停顿的普通人，也会做这种梦。凭直觉做出的主观判断在“大梦”面前，显然不会有半点结果。要拥有渊博的知识，达到专家的水准，才能对其进行解析。可是只借助知识，根本无法解析任何梦。所以更深入一层，知识一定要是活生生的，不能是不理解，硬记住的，知识还一定要跟知识运用者的经验相融合。若在自己心底，一个人并非哲学家，那他脑子里的哲学知识会派上什么用场呢？想解析梦的人一定要与梦处在相同的水平上，在此外的任何地方，他都找不到什么东西能超出自己的水平。

从书里无法学会解析梦的艺术。除非我们不借助方法与规则，也能做得非常好，否则方法与规则就谈不上好。真正的技巧只属于总能游刃有余的人，能够理解的只有那些具备真正理解力的人。一个人若不明白自己，也不会明白其他人。任何人身上都存在一个“他/她”，我们本人并不认识。在梦里，他/她会与我们讲话，与我们说他/她看待我们的方式，跟我们看待自己的方式相差多么悬殊。所以，某些情况下，他/她会在我们陷入摆脱不了的困境时发光，这种光芒会大大改变我们那种让自己陷入困境的态度。

最近这些年，我对这些问题越是关注，对现代教育反常片面性的感知就越强烈。毋庸置疑，我们让年轻人的视野面向宽广的世界，是一种正确的做法。然而，很明显，相信他们这样就能完成生活的使命，却再愚蠢不过。这种训练完全没有顾及年轻人要与自己的自性和远超过外部环境的心理力量相适应，只是确保他们能与外部环境和外部现实相适应。的确存在一种教育制度，但是有两种源头，分别是古代和中世纪初期。这种教育制度把自己变成了基督教会。可是，基督教在最近这两个世纪，失去了大量教育活动，这点必须承认。在这一点上，它完全能与中国的儒教、印度的佛教相媲美。准确说来，真正的罪魁祸首是一种缓慢、普遍的精神改变，而非人类的罪恶。一开始，这种精神改变以宗教改革为症状，教会身为教师的权威，被其彻底击碎，权威主义原则也在之后瓦解，继而消失。个人的重要性得到提升，成了一种无法避免的结果。这种结果呈现于人道主义、社会福利、民主政治、人人平等这些现代的理想之中。这种个人主义洪流遭到抵制，一种补偿性回归由此诞生，也就是重回集体的个人，重视群众是其权威所在。现在灾难的气息遍布各处，宛如雪崩爆发，任何事物都别想阻止它，原因就在于此。集体中人威胁个体之人，说要杀掉后者，但个人责任感才是人类所有有价值的事物最后的依靠。从头到尾，集体群众都没有任何称呼，没有任何责任。领袖不过是群众运动中一种不可避免的症状。真正意义上的人类都能进行自我反思，都会自动与群众盲目的力量保持距离，这样一来，他们至少不会加入群众，和他们一起制造祸害。

然而，如果所有人都依附于其他人，并让其他人依附于自己，那这种能将所有事物都吞入腹中的吸引力，哪个人能抗拒？能稳稳立足之人很明显都是这样一种人：他们既能在外部世界中站稳脚跟，又能在内部世界中深深扎根。

通往内部世界的门很窄，很隐蔽，并被以下事物封住了：数不清的成见和错误假设，还有我们对这道门的畏惧。尽管所有国家都是因为严肃的政治和经济计划而陷入困境，但大家还是更喜欢听到这种计划。所以，谈论秘密之门、梦和内部世界的声音，难免会让人奇怪。在宏大的经济计划面前，这种平淡的唯心主义又能发挥何种作用？而在现实的问题面前，它又能发挥何种作用？

不过，我讲话的对象是少数人，而非上述国家。很明显，对这些人来说，文化的价值是个人创造出来的，不会凭空出现。世界犯错的原因只会是个人犯错，自己犯错，所以理智之人首先矫正的对象是自己。这要求我了解自己存在的内部基础。对我来说，外部权威已变得毫无意义，我一定要把自己放进人类内心恒久不变的真相中，并且要放稳。

如果我在此之前谈论的主要对象是梦，那我这种做法只有一个目的，就是集中精力于通向内部世界的最直接通道。可是，这种通道除了梦以外，还有很多。在此，我无法挨个探讨这些事物。我们在研究内部心理时，搞清了很多事，可心理表面的事物，必须借助梦来研究。难怪梦甚至能给人类心理活动中最强烈、原始的活动——宗教活动以启示。在现代人身上，宗教活动遭遇的挫败与阻挠，甚至超过了性欲、社会适应这二者遭遇的所有阻挠。比如，我知道一些人曾与自己内心奇怪的力量面对面。对这些人而言，这种相逢是种能超越所有事物的体会，据此，他们以“上帝”作为对这种让人难以置信的力量的称谓。“上帝”在这种体会中，同样属于最符合理论要求的“理论”，也就是看待世界的方式。“上帝”是为表述某种无法测量、形容的体会，而从受限的人类心灵中创造的一种形象。这种形象或许会被污染，被毁坏，这种体会却真实且毋庸置疑。

称谓、词语暗含着我们的体会的性质，而其本身不过是微不足道的壳子。以神经症作为对那个恶魔的称谓，意思是这种被恶魔入侵的体会，给我们的感觉就是一种病，且当前这个时代就以这种病作为自己最具代表性的特色。我们称其为被压抑的性欲或权欲，说明这两种基本的本能都会被其打搅，且打搅的程度很严重。我们称其为上帝，则是尝试描绘出我们从自身经验中发现的上帝的深刻、广泛的意义。我们若能镇定自若地观察它，在内心时刻牢记它那宏大的不明背景，最终便只会剩下一种选择：承认最慎重、谦逊的称呼，非末尾这种称呼莫属。这只因这种称呼未曾给这种经验划分界限，或将其放进某种概念的框框，让其改变自己，以适应这种框框。只有一种情况除外，有人忽然产生了一个奇怪的念头，觉得“上帝是什么”这个问题的准确答案，只有自己知道。

不管我们在这种心理背景中放入了何种称呼，它都会对我们的意识带来最严重的影响，且影响越大，我们越看不清楚，这就是真相。行外人难以想象各种黑暗心理力量对自身的气质、情绪、决心的影响有多大，或是在自己命运的锻造过程中，这些力量会带来何种威胁与助力。我们的自我意识宛如一个忘了自己在演戏的演员，可是戏演完后，他就要变回自己，无法再过恺撒或奥赛罗的生活了，因此，他一定要回想起自己原来是什么样的。先前，他远离了自己，这要归功于意识的诡计，但这种诡计只能维持一段时间。他一定要重新意识到，自己仅仅是在舞台上表演莎士比亚的一段戏，后台还有个导演。无论何时，这个导演对他表演的评价都是非常重要的。

第

5

章

解析梦境是探寻灵魂的入口

以前，有个地位很高的人有焦虑感、不安全感，来向我求助。他对着我吐苦水时所说的病症，都属于“高山症”的病征，包括有时会头晕作呕，经常感到头重、窒息。他事业有成，凭借自己的雄心、勤奋和才能，从穷苦农民的儿子变成了成功的企业家。他的社会地位越来越高，进入了上流社会，然后忽然之间，他就得了神经症。

在梦里，人类心灵的精华过程更易凸显，在意识状态中则不然。意识是人类心灵的白天，无意识活动则是黑夜，就宛如梦的幻影。在解析梦境时，意识和无意识互为补充，共同导向神秘莫测的灵魂。

直到现在，在心理治疗中应用梦的解析，依然饱受争议。在很多医生看来，治疗神经症时，一定要用到梦的解析。他们据此认为，意识有多重要，梦里的心灵活动就有多重要。除此之外，另一些人则质疑梦的解析有何价值。在他们看来，梦不过是心灵活动的副产品，本身毫不重要。

如果某人相信，在神经症的产生过程中，无意识发挥的作用非比寻常，那他必然会相信，梦直接体现了无意识。这是显而易见的。反过来，如果此人相信，在神经症的产生过程中，无意识并未发挥作用，那他当然会大大贬低梦的解析的价值。可直到1932年，也就是现在，人们竟然还在讨论无意识是否真实，此时距离哈特曼创立无意识的概念已经过去了五十余年，距离康德发表“模糊观念无法测度”的观点已经过去了一个多世纪，距离莱布尼茨提出存在无意识的心灵活动假设已经过去了将近两个世纪，更别说雅内、弗卢努瓦、弗洛伊德[①]等人取得的成果了。尽管梦的解析与无意识的假设，很明显存在非常紧密的关联，但我现在并不想为该假设做什么辩解，毕竟临床治疗才是我现在要讨

① 西格蒙德·弗洛伊德（1856—1939），奥地利著名精神病学家，精神分析理论的创立者，著有《梦的解析》等。——译者注

论的问题。如果少了无意识的概念，梦就只能算作自然开的玩笑，以及白天的经历残留下来的记忆，它本身并没有意义。要真是这样，那我们再在这本书里展开论述，就是多此一举。在探讨梦的解析之前，要先承认无意识的重要性。因为我们直到现在依然认为梦是无意识的，和神经症互为因果，并且在神经症的治疗中发挥着极为重要的作用，我们并不认为梦仅仅是种理性活动。如果不能接受这种假设，就不会相信梦的解析在现实中的价值。

我们既已假设无意识与神经症的产生原因存在因果关系，梦又直接体现了无意识的心灵活动，那从科学角度看，梦的解析工作自然就水到渠成了。我们可以在疗效以外，期待这份努力能让我们站在相对科学的角度，为心灵的因果关联做出阐释。可是，科学新发现对医生来说，最多算是其在治疗活动的副产品。纵使他知道梦的解析方法有助于探究心灵的因果关联，但要他立即将其运用到对病人的治疗工作中，也是不可能的。他或许会觉得这种发现能在治疗中发挥作用，如此一来，梦的解析在他看来，就更在他的职责范围以内了。众所周知，弗洛伊德学派就认为，必须要找到作用于无意识的因素，向病人解释这些因素，让其了解自身患病的源头，才能实现关键的疗效。

现在我们姑且认为，这种假设能用事实证明，这样我们就能先探讨梦的解析能不能帮我们找到神经症的无意识原因，该方法要发挥作用，是否需要与其余方法相结合。弗洛伊德对此做出的解答非常正确，这点我能大胆保证。我对该观点的信心在以下情况下变得更强了：我发现从梦中能找到引发神经症的无意识内容，没有半点误差。大致说来，更能发挥这种效果的是“早期”的梦，也就是治疗早期病人叙述的梦。要解释得更明白，可能需要举个例子。

以前，有个地位很高的人有焦虑感、不安全感，来向我求助。他对着我吐苦水时所说的病症，都属于“高山症”的病征，包括有时会头晕作呕，经常感到头重、窒息。他事业有成，凭借自己的雄心、勤奋和才能，从穷苦农民的儿子变成了成功的企业家。他的社会地位越来越高，进入了上流社会，然后忽然之间，他就得了神经症。那句常见的非常戏剧化的话，这时不得不说了：“就在这时，我……”他的高山症刚好与他独特的地位相符。他来向我求助时，讲述了前一天晚上做的两个梦。

第一个梦：“我再次回到自己出生的小村庄，我的几个同学站在大街上，他们家里也都是务农的。从他们身旁经过时，我装作不认得他们。我听到他们中有个人指着我说：‘他只是偶尔才回到村子里来。’”我们不必费什么力气，就能明白他的事业起点有多低。他这个梦清清楚楚地表明：“你已经不记得你飞黄腾达之前，地位有多卑微了。”

第二个梦：“我匆匆忙忙为旅行做准备。收拾行李时，我有东西找不到了。时间流逝，火车即将开动。我总算收拾好了所有行李，急忙跑出去。有个装着重要文件的公文包没有带，我发现后，又跑回了家，跑得气喘吁吁。我找到包，重新跑回车站。路上怎么跑都跑不快，最终拼尽全力跑到月台，刚好看见冒烟的火车驶出车站。那段路是漫长的 S 型曲线，那时，我心想要是司机粗心大意，刚刚驶进直线轨道就全力加速，那后面曲线轨道上的车厢必然会被抛出轨道。我刚要叫，司机就开始加速，后面几节车厢剧烈摇晃，到了最后，真的被抛到轨道外边去了，酿成了严重的交通事故。在惊慌失措中，我醒了过来。”

这个梦包含着什么意义，同样很容易理解。从中能够看出，这位病人疯狂地想继续往上爬。司机在前边开动火车，心无旁骛，后面的车厢却摇晃乃至翻车。病人之所以患上神经症，原因就在此。病人在这个人生阶段，很明显已经攀上了事业巅峰。为了往上爬，他努力了这么久，耗光了所有精力。他本应对自己的成就感到满足，但他没有。他怀着野心继续往上爬，非爬到自己想要的高位不可。因此，神经症来向他发出警告。因为环境的关系，我无法为他提供治疗，而我对他的处境所持的观点，又让他心生不满。最终，他的梦成了真。他铤而走险，遵循自己的野心发展事业，行为严重偏离正轨，导致现实中真的出现了“火车脱轨”的情况。我们可以从病人的话语中推测，他的高山症证实，他根本无力再向上爬了。而他的梦证实，他的确力不能及，这个推测是正确的。

所以，鉴于梦的特征，梦的解析在治疗神经症的探讨中是最重要的。梦真实描绘出主观情况，但意识对它的态度却是不承认或只是勉为其难地承认。病人的意识本身不明白，自己为何不能循序渐进向前发展。他继续竭尽所能往上爬，不肯承认自己的力量已经衰弱这一显而易见的事实。面对这一情况，我们时常会屈从于意识，会感到犹豫。考虑到士兵的背包中可以装着元帅的手杖，贫苦农民的孩子事业有成的也不在少数，我这位病人怎么就不行呢？我们同样能以病人的讲述为依据，推导出相反的结论。我的推导也有可能是错误的，在这种情况下，如何能证明与他的推导相比，我的推导更加可信？刚好他的梦出现了一种非己所愿的心理现象，不是意识能掌控的，由此产生的结果刚好与他的主观感受相符。它只表明真实情况，而不理会我的推导和病人的观点。我据此决定，在对梦展开研究时，从心理学的角度出发。糖在尿中出现，说明尿中含糖，而不是蛋白质、尿胆素等物质，即我认为，梦在病情诊断中发挥的作用不可估量。

上述案例已经证明，梦能给予我们的比我们想要得到的还要多。通过这些案例，我们不仅能知道神经症的病因，还能给出治疗的方法，并从中得到指引，找出治疗的起点。病人务必要停下前进的脚步，而他的梦也向他提出了同样的要求。

我们非常满意能找到这么多线索。接下来，返回原先那个问题：梦能否帮我们解释神经症的病因。为此，我已列出了两个梦作为案例。我也能列举很多早期梦的案例，它们都对解释神经症的病因一点帮助也没有，而要理解这些梦并没有什么难度。不过，短时间内我并不想探讨这样的案例，它们需要探索、解析、阐释。

到了最后的解析阶段，我们才能发现一些复杂的神经症真正的病因。另外，很多病人的神经症病因虽已找到，还是于事无补。之前提到，弗洛伊德认为，病人要了解是什么因素让自己感到不安，以此达到治疗的目的，这与过去的创伤论是一个道理。我当然不否认创伤是不少神经症的病因，我只是想说，不是所有神经症都是因为儿童时期经受过创伤而造成的。用这种方式探讨问题，会引发一种决定论的态度。若医生对病人过去的经历倾注了自身所有精力，不断询问“为什么”，却不问“为了什么”——后者与前者的重要性是相同的——那么很多情况下，病人就会因此受到伤害，他往往不得不从自己的记忆中翻找出童年时期的经历，而这可能已经掩藏了很多年。而最近发生的某些很重要的事情却被他忽视了，他本人对此毫无察觉。决定论无法恰当说明梦或神经症真正的意义，因为决定论的范围太狭窄。将确定神经症的病因视为梦仅有的作用，等于对梦绝大多数的奉献熟视无睹，这同样属于偏见。之前列举的梦的案例能说明很多神经症的病因，且能给出相应的药方，或是给出对未来的预测和治疗的方法，这点显而易见。在此基础上要记住，很多梦仅仅是在探讨病人对医生的态度等完全不相干的事，并未涉及神经症的病因。为了解释这一点，我会再列举一个病人做的三个梦。这位病人前前后后求助于三位心理分析师，以下三个梦分别是她在三次治疗的早期阶段做的。

第一个梦：“我要到另一个国家去，需要穿过国界线。我没有从别人那里打听到国界线的位置，自己去找也没找到。”这个梦过后，治疗无效，只能放弃。

第二个梦：“我需要穿过国界线。那天晚上，天色很黑，我找不到海关大楼在哪里。我找了很长时间，终于看到一盏小灯在远处闪耀，心想那肯定是国界线。不过，我要先经过一座山谷，从漆黑的森林中穿过，才能到那里，结果我在森林中迷了路。我忽然发现一个人在我身边，跟我一起走。他一下抓住我不肯放松，好像发了疯一样。惊慌失措中，我醒过来。”这个梦过后的几周，病人因为难以理解心理治疗师为什么会无意识地对自己表示认同，拒绝继续接受治疗。

第三个梦是病人向我求助时告诉我的：“我需要穿过国界线，或者我已穿过了国界线，抵达了瑞士海关。我认为，我没什么东西给他们检查，我所有的行李就是一只提包。可海关人员却朝我的提包伸出了手，从中拿出两个很大的垫子，真是匪夷所思。”在我这里接受治疗的这段日子，病人结婚了，可她是在强烈的阻抗中，走进了婚姻。她为什么会患上神经症，过了几个月才揭晓。

不过，以上几个梦并未给出半点提示。这几个梦很明显是对她找治疗师期间可能遇到的阻碍做出的预测，仅此而已。

具备同样效果的案例，我还能列举很多，但要证明梦有预见性，上面这些案例已经足够了。这时若用决定论来处理，便无法掌握其独特的意义。这三个梦对其自身的分析做了清晰的说明，正确了解这点对治疗的目的相当重要。正是因为了解了这点，第一名医生才会让病人去找第二名医生。而病人决定离开，是因为她已经以这个梦为依据，得出了自己的结论。她听了我对她第三个梦的解析，深感失望，但她还是通过自己的勇气和奋斗，穿过了国界线。

一般说来，早期的梦都相当清晰，极易理解，但这种情况在解析梦的工作开始后，就会发生转变。若此时梦的解析还是那么简单，那这种解析必然没有触碰到人格中一些致命的地方。治疗开始后，梦往往会变得越来越不清晰，越来越难解释。但可能用不了多久，我们就会觉得医生无力掌握所有情况，这样说是有依据的。实际上，所谓梦无法理解，仅仅是医生的主观看法。任何事物都是可以理解的，我们说其混乱而无法理解，不过是因为我们不知道怎么去理解。梦本身是很清楚明了的，也就是说，在特殊情况下，必然会产生梦。当初“无法理解”的梦，放在治疗后期或是几年以后再看，就会非常吃惊地发现，当初的自己竟会愚昧到那种程度。与治疗早期的梦相比，治疗后期的梦往往会显得模糊不清，难以理解，这是实情。然而，医生不应马上断定这些梦十分混乱，或这是病人在故意阻抗，因此指责病人。最恰当的做法是，将其视为自己越来越难以了解实际状况的产物。很多时候，心理治疗师本人会感到迷惑，并“投射”出这种感觉，说迷惑的是病人。实情却是，这是治疗师本人不知如何应对病人非比寻常的行为。由于对方总能轻而易举地看穿自己，了解自己，这让病人感到难以接受，因此心理治疗师应适度表明，自己对病人的了解并没有那么透彻，这样更有助于治疗。对医生神秘的洞察力以及医生这份职业的荣誉过度依赖，病人就会给自己设下圈套。病人若过度相信医生的信心和“高深的”理解力，往往会因此丧失现实感，受困于执拗的移情作用，病愈的时间反倒会拖后。

很明显，了解是种主观程序。可能医生了解，病人却不了解，也就是说了解可能仅仅是单方面的。医生面对这种情况，往往会在自己的职责中加入说服病人这一项，并认定不想被说服的病人都是在阻抗。我认为，仅限于一方的了解便是缺少了解。病人是否了解很重要，医生是否了解则不然。而医生和病人一起研究，达成深层次的一致意见，才是最重要的。所以，若医生以某项原理为依据，随意为梦做出判断，便是所谓了解，那么尽管从理论方面说，该判断是成立的，但是病人对此并不赞同，这必将导致相当危险且不公的结局，该判断必然是错的。这种了解在以下情况下也必然是错的：了解的结果可以对病人未来的行动做出预测，可病人正常的发展却会因为这种行动受到阻挠。我们要想发现真相，只能借助病人的头脑。我们若能在病人发展期间为他提供帮助，对他的感化和影响会更深，因为这样能真正触碰到他心底。

若单方面的理论或先入之见，是医生做出解释的唯一依据，那他便只能借助“暗示”才能说服病人或让治疗见效，但是大家可不要被这种暗示骗了！尽管暗示本身没什么错，但是它往往会在无意间让病人丧失人格的独立性，这是一大缺陷。在现实工作中，心理分析师必须揭露出意识领域扩大的意义和价值，即过去人格中的无意识部分，让意识部分对其进行辨别，做出判断。病人在做这项工作时，要鼓足勇气，直面问题，将自己的判断力与毅力完全发挥出来。响应这种号召，要付出所有的心思和精力，比挑战伦理道德还要困难。所以，在推动个人发展方面，相较于暗示治疗，心理分析更加有序。暗示不需要人在人格方面付出半点努力，其本身宛如在黑暗中进行的魔术表演。暗示治疗是个骗局，不应被采纳，其原理根本无法与分析治疗的原理相提并论。不过，医生只会在非常警惕暗示治疗可能会引发的各种后果时，彻底放弃使用暗示治疗，毕竟某些情况下，还会出现无意识的暗示。

要想放弃有意识的暗示方法，心理分析师就要将一切得不到病人肯定的解析梦的方法判定为荒谬的方法，就要不断钻研可行的方法，最终才能如愿以偿。我认为，坚持这项原则很有必要，在解析那些难以理解的梦时，因为无论医生还是病人，都对此了解不足，所以就更有必要这样做了。医生应将每个新的梦都视为新的研究路径，以及病人和自己收集未知环境信息的源头。医生应做好准备，在每个梦的案例中创造出一系列与梦相关的新理论，完全有别于过去的理论，而不应以某种特定的理论为依据，产生先入为主的看法，所以，现在该领域依然有无限的空间可以拓展。

从很久以前，大家就不再相信梦仅仅是某些被压制的欲望展现出的幻象。的确有一部分梦展现了被压制的欲望或恐惧，但还有一些东西，就算是梦也无力展现，我们要了解它们，又该怎么做呢？永恒的真理、饱含哲理的判断、想象、能看到的幻象、回忆、计划、期待、缺乏理智的经验，乃至心电感应产生的幻象等无数事物，都有可能成为梦展现的对象。可我们的人生大部分都在无意识中度过，这点不应忘记。**梦是无意识的一种独特的展现。**意识可以说是人类心灵的白天，心灵的无意识活动则是黑夜，就宛如梦的幻影。除了欲望和恐惧，意识必然还包括很多成分。由于意识会对信息加以缩减、提炼、摒弃，因此与意识相比，心灵中无意识的部分可能包含着同等甚至更多的信息。

这就是实情，既然这样，我们就不应扭曲某个梦的意义，以迎合一些包含成见的治疗方法。要记住，很多病人在平时乃至梦中都会对医生的技术或理论习惯用语加以模仿，所有用语都有被误用的可能。我们自己都不能确定，我们曾被多少观点误导。连医生都会因无意识掉进自己的理论陷阱，难以脱身。不过，我们还要用理论来解释问题，因此不能彻底抛弃理论。比如，我期待所有的梦都是有意义的，就建立在理论的基础之上。可是梦中包含着一些事物，不少医生、病人都无法了解，我因此无法证明所有梦都是有意义的。但我要先从理论方面确定，这些梦是有意义的，才能有处理这些梦的信心。以下说法自然也仅限于理论方面：在我们了解意识的过程中，梦发挥了巨大的作用，所有没能发挥这种作用的梦，都没能得到正确的解释。但是，我是为解释我为何要解析梦，才采用了上述假设。我们要将所有与梦的特性、功能、结构相关的假设视为经验总结，随时有必要对其进行修改。在解析梦的过程中，要时刻铭记这样的原则：我正走在一条前途未卜的危险道路上。解析梦的专业人士可从以下这句话中得到恰当的警示："你可以随心所欲，但不要费尽心机了解。"但愿这句话没有前后矛盾。

遇到难以解析的梦，我们要先小心探究其起因，而不是去了解它，解释它。我会慎重且有意识地观察那些直接关联着梦的所有意象的独特联想，这并不表明我脑子里有数不清的"自由联想"，与梦的各个意象有关。不少病人急不可耐地想要推动并过度干涉医生了解、解析自己的梦，这些病人应该先具备上述知识。当这些病人从书里或某些过时、错误的解析方法中得出了某些看法，即他们被误导时，就更应该如此了。他们以某一理论为依据，说明自己的联想，即他们试着了解、解析梦，却往往深陷其中，难以全身而退。病人误以为梦的面具后面必然隐藏着其真实内涵，所以想立即搞清楚自己的梦。在这一点上，他们与医生没有区别。我们或许可以把梦当作面具，可大多数房屋的外表都是根据房屋设计图建成的，往往是对其内部的体现。这种外表并不是面具，这点不应忘记。"显现出来的"梦的景象（显梦）是梦本身，有潜藏的意义（隐梦）。从尿里发现的糖分断然不会预示着蛋白尿即将出现，那仅仅是糖分而已。在谈及"梦的表象"时，弗洛伊德指的是梦难以理解的部分，而非梦本身，这种对梦的投射暴露了他对梦了解的不足。不能对其有深入的了解，是我们说梦戴着面具的原因。例如，说到一段话难以理解，原因在于我们看不明白，而非这段话本身隐藏了什么。我们应想办法看明白这段话，而不是勉为其难地对其做出解释。

因此，了解梦的起因，便成了梦的最佳研究方法。采用自由联想的方法，不会有任何帮助，这就好比用自由联想的方法翻译赫梯碑文[①]。当我查找自己的病因时，自由联想能为我提供帮助，但我只要借助报纸上的一句话或“禁止入内”的标语，即可达成这一目标，而不必对梦进行研究。我们的病症可能会因对梦的自由联想而迅速消失，但我们必然无法得出梦本身有何意义。我们应尽可能对梦的意象就近展开研究，这样才能得出梦有何意义。梦到松木桌子，就联想到自己那张不是松木做的桌子，结果会很不理想，这是必然的，因为这个梦很明显指的是松木桌子。如果做梦之人没有任何反应，那他的犹豫表明这个梦的存疑之处在于，其意象中必然包含着一些难以理解的成分。我们期待他能围绕着松木桌子，产生很多联想，但是他毫无联想，就是另外一种意义了。我们应回到起点，对梦的意象进行反复的研究。我告诉病人：“‘松木桌子’是什么意思，我一无所知，为了让我明白它究竟是什么意思，请详细描绘一番。”通过这种方式，我们真的发现了这种独特的意象包含的很多意义。掌握了所有梦的含义后，接下来，

---

① 赫梯人是古印欧人的一支，也是最早拥有文字的古印欧人，他们留下了一些碑文，被证明属于印欧语系。——译者注

我们就要开始解释了。

所有解释都是试图去研究陌生的文字，都属于假设。我们很难准确解释一个难以理解的梦，所以，我并不看重对某一个梦的解释取得的成果。早期解析梦时犯的错，往往能在后期得到纠正，因此，我们要在积累了大量经验后，才可能相信自己的解释是正确的。而且我们若能得到大量梦的案例，再从中搜寻重要的含义和基本主题，难度也会低一些。我时常让病人记录下他们做过的各种梦，并附上他们对梦的解释，原因就在于此。为了让病人详细记录各种梦，编成梦的档案，我还教他们遵从上面的方法，对自己做的梦进行处理。我甚至会在解析后期，直接让他们自己解释。这样一来，不用医生帮助，病人自己就能知道如何了解无意识。

如果梦唯一的价值是揭示神经症的病因，那把梦交给医生处置就可以了。如果梦唯一的作用就是为医生诊病提供参考，那我也没必要再做这项研究。但上述案例都表明，在帮助医生之余，梦还能发挥别的作用，解析梦的工作因此变得更加重要，甚至性命攸关。

这类案例中让我印象最深刻的是我一个苏黎世同事做的梦。我们经常遇到，他比我年长一点。我对解析梦的喜爱，时常引来他的讥讽。一次，我们在街上遇到，他高声说：“最近好吗？你还在解析梦吗？我有个非常滑稽的梦，想趁机问问你的意见，这个梦也有意义吗？”

他的梦是这样的："我在攀登一座高山，山势陡峭，地上全是雪，我不断向上爬。天气很好，我越爬越高兴，心想：'真希望能一直这样爬下去！'抵达山顶时，我非常兴奋，感觉自己好像还能继续爬，爬到太空，而我发现自己真的可以做到。因此，我在天空中继续爬。我欣喜若狂，从梦中醒来。"

我听完后说："朋友，你不能放弃爬山的兴趣爱好，这我明白，但你往后不要一个人去。你要带上两位向导，并拿自己的人格保证，他们怎么指导你，你就怎么做。"他笑着说："你真是老脑筋。"说完，他告辞了。之后，我再没跟他见过面。

过了两个月，我收到了第一个坏消息。他独自一人去爬山，遇到山崩，被埋起来了。有个巡逻兵刚好经过，救出了他。三个月后，他迎来了最终的悲剧。他没有带向导，只带着一个比他年轻的朋友去爬山。有位登山者在山下目睹了他在陡峭的山坡上一脚踩空，摔到下面那个朋友头上，两个人一起掉进深谷里摔死了。何谓"欣喜若狂"，这就是最好的诠释。

我从不觉得梦可以被无视，再强烈的质疑与批判也不会让我有这种感觉。很明显，**因为我们的理解力和洞悉心灵阴暗面多种含义的能力不足，才导致很多梦看似没什么意义**。人生至少有一大半都是这么过的，这便是意识的源头，就算在清醒之际，也常陷入无意识中，在发觉到这些后，医疗心理学好像应借助系统研究方法，对梦的认知做出改善。意识经验有多重要，无人提出质疑，既然如此，何必还要质疑无意识有多重要呢？梦同样是人类生活的组成部分，与白天发生的事相比，梦对命运的影响甚至更大。

除了揭露内部生活秘密，**梦还会揭露做梦人隐藏的人格。**在被发现之前，这些元素往往会对做梦人平日的生活造成干扰，并只会表现为疾病。这意味着只从意识入手，为病人提供治疗，是不行的，还应改变无意识。现在已知的方法只有一种，就是彻底同化意识与无意识。我说的“同化”不是只让意识来评判、解释、扭曲无意识——一如普通人眼中的方法，而是透彻解释意识和无意识的内涵。很多人对无意识内涵的价值、意义理解错误。在弗洛伊德学派看来，无意识都很卑贱，原始人都与野兽相差无几，这一点众所周知。大家当然会认为，无意识是种危险的怪兽，毕竟有原始人关于部落内部恐怖老人的童话流传至今，还有“阻挠婴儿犯罪”的无意识存在。这似乎是在说，意识的王国囊括了所有善良、与逻辑相符、美好、具备存在价值的事物。莫非我们在经历过恐怖的世界大战后，还能闭着双眼？莫非我们还未意识到，与无意识相比，人类的意识更加恐怖，更加远离正常状态？

近来，有人表示若接纳我的提议，同化无意识，必然会毁坏所有文化，牺牲很多珍贵的事物，让原始文化卷土重来，据此对我进行批判。这种看法一点依据也没有，与无意识是怪兽的错误看法类似，其源头是对自然和人生真相的畏惧。弗洛伊德为了让我们不被想象中无意识那种恐怖的帮凶伤害，创造了升华的概念。然而，真实存在的事物不会像变魔术一样升华，升华也不至于恐怖到像那种错误解释的程度。

无意识是种自然的事物，在道德律、美感、智慧判定中完全中立，而不是什么恐怖的怪兽。危险只会在人们的意识对无意识采取错误态度之际降临。越是压制，越是危险。不过，这种危险会在病人开始同化那些很明显属于无意识的部分后消失。人格分裂会在继续同化的过程中停止，焦虑不复存在，而焦虑原本想让心灵的两个重要组成部分彼此对立，水火不容。批判我的人害怕意识会被无意识掩藏，但这只有在以下情况下才可能出现：无意识无法被掌控，或无意识遭到曲解，或无意识的效果遭到贬低。

大家普遍认为，无意识拥有毋庸置疑的内涵，并带着恒久不变的正负号，这种观点从根源上就是错的。我认为这个问题太幼稚了。心灵为了维持平衡，本身拥有调节系统。在这一点上，心灵与身体没有区别。所有严重偏离正轨或运转超速的程序，都将刺激产生补偿行为。这种调节的功能若不存在了，新陈代谢便会失常，心理更会失常。我们可以据此把补偿原则当成心灵活动的一种规则。不管哪一端减少，另外一端都会因此增多。意识和无意识互为补充。梦的解析就以这个清晰的事实为原则。在梦的解析中询问“其补偿的意识态度是什么”，通常是有好处的。

一般说来，补偿都会表现为想象的愿望形态，越想压制的部分，往往越有机会出现在现实中。我们无法压制口渴，这点大家都了解。应将梦中所有事物视为正当且真实出现的、意识的组成部分之一。如若不然，我们就只能得到对意识的单方面认知，而无意识一定会马上要求补偿。这将导致我们正确判断自身和维持生活平衡的可能性变得微乎其微。

若有人梦想用无意识夺走意识的地位，实行独裁——批判我的人最惊人的设想就是如此——意识便会隐藏自身，然后变成无意识，再度出现并补偿。无意识从此拥有了完全不同的面目和地位，最终再出现时，会是合理且崭新的。不过，大家往往不相信这样的转折很常见，并包含在关键机制中。而所有梦都是信息源头，是自动调节的方法，对塑造每个人的人格都极为重要，原因就在于此。

无意识的危险性来自明哲保身、胆小懦弱的意识的抗拒，其本身并没有危险性，所以，我们更要对无意识予以重视。我认为，这也能帮助大家理解我为何经常在解析梦之前询问：它究竟在补偿何种意识状态？我尽可能拉近梦和意识状态之间的距离，明显也是这个原因。甚至，我还认为轻率地对梦进行解析是绝对不行的，必须先清楚了解意识状态。毕竟，要了解无意识有没有增加或者减少，只能以意识领域的信息为切入点。梦作为一种心理现象，是与日常生活相关联的。我们对梦了解不够，才会觉得它与日常生活没有关联。梦并非我们内心的幻象，意识与梦其实存在着极为密切、复杂的因果关联。

为了解释了解无意识的内涵价值究竟有多重要，我会举一个例子。我从一个青年那里听到了这样一个梦：“我父亲离家时，开了一辆新车。他开车开得非常不自然，看起来很笨拙，让我很心急。他一会儿向东，一会儿向西，一会儿前进，一会儿后退，还几次停车。到了最后，他的车撞到墙上撞烂了。我勃然大怒，大叫着让他检讨自己。他却大笑起来，原来他已经酩酊大醉，而我到这时候才发现。”

这个梦一点现实依据都没有。做梦人完全不相信父亲会这样开车，就算父亲喝醉了也不会这样。做梦人非常熟悉车，作为一名司机，他一直非常小心。他从不贪杯，开车时更是如此。所有不擅长开车的人都会让他勃然大怒，哪怕只是稍微损坏了车。他跟父亲关系亲密，他的父亲成就不俗，他对其崇拜有加。在解释这个梦之前，或许能说我们能从这个梦了解到，这个青年对自己父亲的印象必然非常恶劣。接下来该如何定义呢？这父子俩的亲密关系只是表面现象吗？这是不是就是抗拒的过度补偿行为？要真是这样，我们就应让这个青年了解我们对这个梦的解释：“这就是对你们父子关系的真实写照。”但我不能随意用这句很有伤害性的话让他的情绪受到干扰，毕竟我没能从他们的父子关系中找到丝毫疑点或不正常之处，这种治疗方法肯定是很不理智的。

但如果他们的父子关系的确很好，这个梦编造出这个不可能的故事，让他的父亲声誉受损，又是出于什么原因？做梦人的无意识中必然存在一种显著的倾向：他会做这样的梦。是妒忌或自卑导致这名青年对父亲心存抗拒吗？敏感的青年遇到问题，我们在处理时一般都不能太过鲁莽。因此，我们在告知他上述事实之前，最恰当的做法是先不问他做梦的原因，而是先问问自己：“他做这个梦有什么目的？”答案很明显，他的无意识在试图贬低他父亲的价值。若把这当作一种补偿，就必须承认这对父子的关系是太过亲密，而不仅仅是亲密。就像法国那句谚语，这个青年是个“依靠父亲的孩子”。直到做梦时，他的生活需求还要依靠别人才能获得满足，而这全因父亲对他生活的过分照料。在他的生活中，父亲占据了太大的比例，以至于他的个人潜力根本没发挥出来。无意识要做出批判，原因就在于此：无意识为提升儿子的价值，而试图贬低父亲的地位。可能有人会认为“此事不道德”，所有肤浅的父亲遇到这种情况，必然都会变得更加警惕。然而，这种补偿行为的产生，根本是为满足需求！让父亲和儿子相互区分开，便是其目的所在。儿子要自动醒悟过来，只能依靠这种方法。

以上对梦的解析方法直接切中要害，必然是正确的。他并未伤害他对父亲和父亲对他的感情，轻而易举就得到了他的认同。不过，这种解析方法只适用于一种情况，就是要在意识方面对父子关系有一定了解。**完全不了解意识的情况，就无法探索梦真正的意义。**

无论如何都不能损坏意识人格真正的价值，否则无法阐释出梦所有的内涵。毁灭或损坏都将导致同化的对象消失。就算了解了无意识有多重要，也不能主次不分，否则必将导致想纠正的状态又恢复原先的状态。这要求我们先要小心维持意识人格的完整性，毕竟要让无意识的补偿恰如其分地生效，前提必须是意识人格愿意合作。同化工作是“A 和 B”，不是“A 或 B”。

由于梦的解析工作先要深入了解意识的真正情况，因此，我们需要兼顾做梦人的哲学、宗教、伦理观念，以对梦的象征做出的处理。最理智的做法是，不将某些象征当成拥有固定不变的符号或表征，而应将其当成真正的象征物，即一些未知的或崭新的构造。另外，还应在对其的讨论中，加入做梦人在意识状态中的关系。将这种对梦的象征物的处理方法应用到实践中，是有利的。我重点突出这一点的原因在于，从理论上说，确实有些已知的象征物有着固定不变的内涵，我们之所以能确定无意识的构造，靠的就是这些相对固定不变的象征物，否则要掌握或探讨某种事物，都是不可能的。

我说相对固定不变的象征物有着不固定的内涵，可能会让部分人感到疑惑。实际上，象征物之所以能展现出有别于其余符号、病症的地方，正是因为其内涵不是固定的。众所周知，弗洛伊德学派在解析梦时，用到了“性象征”的方法，这十分牵强。然而，他们的性象征就是性的代表，已经被定义了，而这恰恰就是我所谓的符号。其实，弗洛伊德的性观念弹性极大，范围笼统，简直能够包罗万象。它的内容很清晰，内涵却很不确定，简直能把人体所有腺体的生理活动和人类精神极限都囊括在内，如此丰富。以大家熟知的固定模式为依据，主观地发表意见，还不如把这些象征物当成未知的、难以辨识的、根本不能定性的事物。比如，男性生殖器只能代表男性生殖器本身。站在心理学的角度，男性生殖器本身就是种象征意象，要判定其内容颇具难度，这与近来科拉内费尔德提出的观点是一样的。现在的原始人经常和过去的人那样滥用男性生殖器象征，但他们始终认为，用来祭祀的象征物是一回事，现实中的男性生殖器又是另外一回事。男性生殖器在他们看来，是种超越自然的创造，不管治疗疾病还是生产，都以此为力量的源头，一如雷曼所言，“威力无穷的事物”。时常出现在神话和梦中的公牛、驴、石榴、公羊、闪电、马蹄、舞蹈、农田里外形古怪的共生物、经血等意象包含的事物和性本身，作为一种内涵原型，都相当难以理解，但却能在原始人的超自然象征中，利用心理学原理对其做出最恰如其分的解释。我们能从上述意象中找到超自然象征这种非常固定的象征，却不能据此确定这些事物一旦在梦里出现，就不会有其他内涵。

我们需要寻找其他解析梦的方法，以便将其应用于实践。可我们若一定要遵从科学原则，对梦进行彻底解析，那我们再进行研究时，就只能把这类象征全都当成原型。但由于病人的心理状态也许会留意到梦的相关理论以外的事物，而不是这些理论本身，这种解析梦的方法很有可能会犯下大错。所以，为方便治疗，我们的最佳做法是，先挖掘出象征物的意义和它在意识状态中的关系，即认为象征物是变化的。这要求我们抛弃所有先入为主的观点——哪怕观点本身极好——再帮助病人寻找所有事物的内涵，为此要不遗余力。这种解析梦的想法得出的梦的相关理论，很明显不会让人满意，实情也的确是这样的。但医生若用了太多固定象征物，那他的观点就很有可能非常平庸，也非常主观，最终完全不能满足人的需求。我要经过详细论述，才能解释这一观点。不过，我已经在别的地方发表了论文，能为这一观点提供强有力的证据。

前文提到，医生在治疗早期对梦进行研究时，往往会下意识地选择无意识一般可能选择的方向。但病人在早期阶段，根本无法立即对梦更深层次的内涵有所了解。至于治疗方法，也对我们提出了相同的要求。医生从固定象征物中获取的经验，能帮他得出这种与众不同的观点。不管诊断还是预见，这种观点都能发挥巨大的作用。

有一回，我需要为一个17岁的女孩诊断。我得到一名专家的提醒，她可能患了间歇性肌肉萎缩症，现在还是初期。另外一位专家却说，她患了歇斯底里症。之所以请我过去，就因为两位专家的观点截然不同。我看了病人的临床诊断报告，认为她这可能是器质性病变，可她又出现了歇斯底里症的症状，这是确凿无疑的。我问她是否做梦，她立即说："做过！做过很多恐怖的梦。最近梦到，一个夜晚，我往家里走，路上非常安静。我透过半开半闭的起居室房门，看见我母亲在一盏吊灯下悬挂着，在从窗户吹进去的冷风中飘来荡去。还有一回，我梦到天已经黑了，屋里忽然传出一声奇怪的叫声。我急忙跑过去查看，看到一匹马受了惊吓，正挣扎着想要从屋里跑出来。最终，马找到大门，从那里进入四楼走廊，接着一下跳到街上，摔死了。

这一幕让我大吃一惊。”

两个梦中的死亡事件，确实能让人大吃一惊，可是很多人都经常做恐怖的梦。我们先来关注两个梦中最引人注目的“母亲”和“马”的内涵。这两种生物都选择了自杀，因此必然属于同种类型。作为原型的母亲象征物能给出的提示包括源头、自然、承担着间接创造责任的事物、实质和物质、物性、下身（子宫）、身体机能等。与此同时，我们还由此联想到了无意识、自然、本能的生命，以及生理范围，也就是人类的居住地，也可以说人类的容纳地。母亲是基本意识的代表，因为其是容器，是运送、孕育的中空物体（子宫）。在某种物体内部，或被某种物体容纳，周围一片黑暗，身处其中，自然会感到恐怖。我根据这种种提示，罗列出了神话、字源学中与母亲相关的所有含义、变义。中国哲学家关于“阴”的含义，也包含在内。这个梦的内涵就是如此，但一个 17 岁的女孩不可能体验过这些。这些是历史的残留物，它们之所以保留到现在，既是借助语言，也是借助心灵构造的承袭。不管在哪个时代，哪个民族中，都能找到它。

此处的“母亲”就是“我妈妈”，和我们熟知的母亲没有区别。与此同时，母亲的象征又暗示着另外一种系统的概念，我们称这种暗示为“隐藏的且被自然约束的生命体”。这样说还是忽略了很多与此相关的含义，显得太过狭隘。与我们的想象相比，这种象征的精神性要复杂得多，我们要辨认出它，必须站到很远的地方，即便如此，也只能大致辨认出它。这些特性迫使我们在解析中采用象征的方法。

若在解析这个梦时，采用该结论，我们就能得出无意识的生命正在自我毁灭这一含义。这个梦给做梦人乃至所有旁观者的意识的信息就是如此。

在神话、民间传说中，“马”作为一种原型，极为常见。马这种动物代表着一种排在人和野兽之后的非人的精神，也就是无意识。民间传说中的马总能看到幻象，听到声音，并会讲话，就是这个原因。马作为承载的动物，与母亲的原型存在异常紧密的关联。瓦尔基里[①]带着已经过世的英雄去瓦尔哈拉，特洛伊木马的肚子里藏着希腊人。马作为比人低等的动物，既代表着下半身，也代表着以下半身为源头的动物本性。马是动物性力量和交通工具，可以运送人类。与一切缺少高等意识的动物一样，马也会受到惊吓。除此之外，马，尤其是能在黑夜中预测死亡的马，还与巫术或者魔咒相关。

“马”和“母亲”的意义显然区别甚微，二者分别代表肉身的动物性部分和生命之源。若在解析梦时运用这种含义，便可将其解析为动物性正在自我毁灭。

两个梦的含义基本相同。不过，第二种说法好像更加独特，这是根据一般规律推导出的结论。梦中没有谈及做梦人的死亡，这一点可证明其独特与微妙。我们经常梦到自己的死亡，这不是

---

① 北欧神话主神奥丁的侍女们，她们奉奥丁之命上战场，引导阵亡的英雄去奥丁的家瓦尔哈拉。——译者注

什么大事。死亡真正降临之际，表现在梦中，会是另外一种姿态。所以，以上两个梦都说明了肉身患有非常严重，甚至会致人死亡的疾病。这并不是胡乱猜测，紧随其后的诊断可以为此证明。

而相对固定的象征物的共性，我也在前文中做了大致说明。有很多类似的案例，其含义在应用于每个个案中时稍有差异。必须用科学方法对神话、民间传说、宗教、语言进行对比研究，才有可能确定这些象征符号有什么含义。在梦里，人类心灵的进化过程更易凸显，在意识状态中则不然。通过象征物，梦展现出了起源于最原始层次的自然天性。意识经常不受自然法则约束，但它也可以重新与自然法则交融，只要它与无意识同化即可。我们可以借助这种方式，指引病人找回真正的自我法则。

我只能在这篇简短的论文中探讨与本文主题相关的部分内容，除此之外的内容都无法涉及。我也不能罗列出所有以无意识给出的材料为依据，让人恢复正常的大大小小的方法。与医生期望获得的疗效相比，这其中的同化作用要大得多。更有甚者，还能实现我们的最终目的，也就是完成个人的人格。这个目标可能便是我们生命的原动力。我们这些医生必然能率先以科学的方式，对这个自然过程展开观察。一般说来，我们能看见的仅仅是疾病的发展，无法看见病人康复之后的状况。但我们要对持续几十年的正常发展过程进行更深入的研究，必须要等到治疗生效以后。若能多多了解无意识的心理发展方向，若在心理学观念的构造过程中，不完全依靠有关病理的知识，那对于梦展现出的过程，我们就不会觉得难以理解，在辨别象征符号有何含义时，也会更加得心应手。我觉得所有医生都应该了解，普通心理疗法都能切分成一个发展过程的多个步骤，时而上升，时而下降，解析法就更是如此了，因此，每一个步骤的方向都有可能变成截然相反的。每次分析都只代表心理发展过程的某一步骤或某一方面，既然这样，再对其进行对比，只会引发混乱，带来失望。这就是为什么我只想探讨本文涉及的问题的基本原理和应用。毕竟，要想得到满意的结论，必须对真相进行近距离观察才行。

第
6
章

心理类型

人格有两种基本的心理态度，即内倾和外倾，但这种划分并不是绝对的，换句话说在各个方面都绝对内向或绝对外向的人是不存在的。每种类型都包含着数不清的差异，这些差异很容易观察、辨别。人格有四种基本的心理功能，即思考、感觉、知觉、直觉，四种功能以明确、必不可少的方法划分开，好像指南针的四个方向。

性格是人类的特殊形式，不会轻易改变。性格学应分别解释怎样了解身体有何特征，心理又有何特征，因为身体与行为或心理形式是存在差异的。人们以活生生的人拥有的多重性为依据，判定身体特征不仅限于身体，心理特征也不仅限于心理。自然本就具备的持续性并不了解，人们创造了对偶区分法，以加强对彼此的理解。

区分心理和身体的方法并不自然，该方法准确说来是一种建立在智慧领悟特征基础上的辨识方法，而不是建立在事物实质基础上的区分法。身体和心理拥有如此复杂的特征，让我们不仅能以身体结构为依据，推导出心理结构，还能以心理特征为依据，推导出身体特征。第二种推导难度更高，原因不是与心理对身体的影响相比，身体对心理的影响更大。研究以心理为起点，相当于从未知向已知迈进，反过来却能以已知、具体的身体为起点。对我们来说，不管心理学现在取得了多少成果，与具体的身体相比，心理的理解难度还是要高很多。心理至今还是个陌生领域，我们对其了解少之又少，尚未进入其内部探索。意识功能最容易上当受骗，却严重制约着心理。

这表明我们的最佳选择是这样一种方法：从外部到内部，从已知到未知，从身体到心理。所以，对性格学的探究全都是从外部到内部的，古代占星术为寻找人类命运的主宰因素，便去观察星象。此外，手相术、加尔的颅相学[①]、拉瓦特[②]的观相术、现代笔迹学、克雷奇默[③]对性格形态的心理学研究、罗夏墨迹测验[④]等等，也都采用了从外部到内部的方法。我们知道还有很多方法是从外部到内部，从身体到心理的，所以我们应该以这些研究作为起点，等到明确了解心理为止。我们只要有了一定的了解，就能转变方向。我们会问某种心理状况与身体特征有什么关联。直到现在，我们所处的阶段还不能为该问题提供大概的答案，真是可惜。我们首先要做的是对心理生活的实际情况有所了解。迄今为止，我们尚未实现这个目标。我们不过才开始对心理的构成加以整理，有时还会在这方面遭遇失败。

我们不能根据个人出现了某种现象，推导出这种想象与心理的关系。要以某个人的身体结构为依据，推导出此人的心理特征，这样我们才称得上小有所成。对我们来说，没有心理的身体没有

---

① 颅相学是德国解剖学专家弗朗兹·约瑟夫·加尔（1758—1928）提出的一种心理学假说：根据人的头颅形状，可以判定其心理和特质。该假说现已被证伪。——译者注

② 约翰·卡斯帕·拉瓦特（1741—1801），瑞士神学家，曾发表《观相术文选》，对观相术的发展意义非凡。——译者注

③ 恩斯特·克雷奇默（1888—1964），德国精神病学家、心理学家，著有《体型和性格》。——译者注

④ 瑞士精神病学家赫尔曼·罗夏（1884—1922）创立的一种人格测验法。——译者注

价值，没有身体的心理也一样。以身体特征为依据，推导与之对应的心理，这时，我们就是从已知走向未知，就像前文所言。

不过，在所有学科中，心理学出现时间最晚，且最有预见性，这点务必要着重突出。心理学是我们近期才发现的，这种情况表明，要清楚区分自己和自己的心理，需要付出大量的时间。要对心理进行十分客观的研究，必须先做好这项工作。心理学同样属于自然科学，是人们取得的最新成果，这是毋庸置疑的。心理学直到现在都相当武断，充斥着奇思异想，与中古时代的自然科学没什么两样。有人据此断定，可以以经验素材为依据，对心理学进行概括，好像其形式是预先确定的一样，这是我们的一种成见，直到现在还没改正过来。可是我们对心理生活好像应该有最深入的了解，毕竟它与我们最为接近。这种接近的程度，简直让我们厌倦。这原本是十分寻常的，我们却觉得很惊讶。实际情况是，我们尽可能不去想它，因为与它们太接近，我们会觉得难以忍受。所以，我们简直是逼迫自己做出了一种假设，即我们已非常透彻地了解了心理，而我们这样做，只因心理非常接近我们，以及我们自己就是心理。在心理学领域，大家都坚持各自的意见，坚信自己了解得最多，原因就在于此。最早发现很多人都以心理学专家自居的，可能是心理医生，因为他们每天都要与骄傲自大的病人的家属、监护人打交道。即便如此，这些心理医生还是误以为自己“无所不能”。甚至有位心理医生表示：“整个城市只有两个人是正常的——B 教授是第二个人。”

鉴于心理学当前的状况，我们不能不承认，我们好像对最接近我们的对象了解最深，但实情却刚好相反。另外，我们也不得不承认，与我们对自己的了解相比，别人对我们的了解可能更深。这一点作为研究的起点，可以算是最具实用价值的研究原则。一如前文所言，我们之所以迟迟未能发现心理学，是因为心理距离我们最近。作为一门学科，心理学还处在初级阶段，相关的概念、定义都很匮乏，我们无法据此挖掘出其真实状况。可是，概念真的匮乏吗？不是。概念环绕在我们身边，简直要把我们淹没了，这才是真相。其他科学真相往往会被率先挖掘出来，心理却出现了迥然不同的状况。通常说来，其他科学真相都会像化学对很多元素进行分组，生物学进行分类那样，先为一手资料分类，之后再引出很多自然现象的阐述性理论，心理却不是这样的。我们在个人经历和阐述性见解的控制下，继续受制于主观经验，而不对此进行深入思考，以至于一个范围广阔的概念也许只是一种现象，出现在很多现象中间。我们自身就是心理，所以要随心所欲掌控心理活动，避免掉进沼泽地里，基本是不可能的，我们由此失去了辨别和对比的能力。

这是其中一个难以解决的问题。还有一个问题同样难以解决，对漫无边际的心理处理得越深刻，与确定的现象距离越遥远，精准测量对我们来说就越不可能。其实，了解实际情况的难度已经非常高了。例如，我会说自己仅仅是想了一下，以此凸显一件事不够真实。我会说：“我在某件事发生之前，从来没想过它会发生，我没有这种念头。”这是十分寻常的话，它要么是表明要测量心理事实难度很高，要么是表明从主观角度理解它十分困难。可是，心理事实原本是客观、实在的，与历史事实没有区别。实际上，无论在什么条件或是约束下，我都是这样想的。可很多人却要耗费很多精力，乃至与道德激烈斗争一番，才能做到这种相当明显的自白。我们以外部表现为起点，对心理事实展开研究时，或许会遭遇的困难就是这些。

我现在不去临床判断外部特征了，我把自己的工作范畴缩小了，开始调查、研究从外部特征中找到的心理材料，并加以分类。起初，该工作为心理做了一项阐述性研究，这便是成就，我们据此能推导出与其构造相关的理论。我们借助这些理论，丰富我们的经验。到了最后，我们就能得出一系列观点，其牵涉到各种心理类型。

以症状描述为依据，临床研究更进一步，发展到了对心理进行描述性研究，这个经过很像从症状病理学向细胞和新陈代谢病理学的迈进，即我们借助对心理进行描述性研究的方法，找出了临床症状是由何种心理过程引发的。这是借助分析法得出的知识，这一点众所周知。我们对心理进行描述性研究的方法发展到现在，已足以帮助我们诊断复杂的情结，所以对于引发心理病症的心理过程，我们已大致有所了解。不管会有多么出人意表的事情，在内心深处发生——围绕着这一点，出现了很多观点——但有一点能够肯定，那就是情结（它受情绪影响，且自身自主性很强）在这里发挥着非常关键的作用，这一点是最重要的。很多人反对自主情结，在我眼中，这些反对都不成立。我认为，用“自主”来形容活跃的无意识的行为方式，是最恰当的。这个形容词表明，情结会完全按照自己的意愿行事，拒绝屈从于意识的目的。以我们对情结的了解，这就是一种心理内容，不会被意识掌控。情结独自存在于无意识中，与意识割裂，时刻准备着与意识层面的目的对抗，或使之变得更强。

对情结更深层次的研究牵涉到了情结的源头，这是顺理成章的。现在围绕着这种源头，存在很多不同观点。我们先不说理论，从经验中就能得知，无论何时，情结中都有冲突，要么是冲突的原因，要么是冲突的结果。简言之，吃惊、动乱、心理折磨、内心矛盾这些冲突的特征，全都属于情结独有的特征。用法语来说，就是“黑色野兽”。我们则以“柜中骷髅”来称呼它。这些事物经常出现，却非常不得人们的欢心，我们不想谈及它们，更不想别人谈及它们。我们不希望经常进入我们意识的，是回忆、心愿、害怕、责任、需求、观点这些事物。我们因它们对我们意识生活的持续干扰，深受其害。

很明显，从广义上来说，情结是自卑的代表。我不得不立即补充一句，情结的存在未必是指自卑。它的含义表示有一种很难应对和解决，且会引发矛盾的事物存在，可能是一种阻碍，但也是一种刺激，能刺激人上进，即在这种事物的引导下，可能会走向新的成功，所以，可将情结视为人们精神生活处理的重中之重。情结是不能缺少的，否则心理活动便会停止，这是致命的。可情结指向的是一种困难，所有人都解决不了，是人此前经历的挫败，就当前来说，至少也是这样一种事物，要么根本躲不开，要么根本战胜不了，也就是我们一般所说的缺陷。

情结的源头已被上述特征揭露出来。这种源头很明显是以下二者之间的矛盾：一是适应需求，二是个人没有应对的能力。情结从这个角度可以说是一种症状，能帮我们对个人气质做出诊断。

我们从经验中得知，情结非常复杂，但少量颇具代表性的形式在细致的对比中凸显出来，它们的源头是一样的，即童年的早期经验。这没什么出奇，因为个人气质不是后天形成的，而是先天就有的，在童年时期就已经成型了。所以，父母情结仅仅是这样一种矛盾的体现：个人没有足够的能力，以适应现实中的社会需求。由于孩子最早与其发生矛盾的对象是父母，因此父母情结必然是情结最早的形式。

所以，在我们了解个人独特气质的过程中，父母情结根本帮不上什么忙。我们从现实经验中得知，父母情结借助何种独特的方法，逐渐在个人生活中发挥作用，才是问题最难解决的地方，父母情结的存在则不是。针对该问题，我们有了很多发现，都很让人惊讶，但以父母的影响为源头的，只占其中一小部分。受到这同一种影响的几个孩子的反应各不相同。

我觉得各人能被识别的独特气质，都是由这种反应的差异性构成的，因此我对这种差异性格外留意。四个孩子处在同一个神经症家庭中，第一个孩子得了歇斯底里神经症，第二个孩子得了强迫神经症，第三个孩子得了精神分裂症，第四个孩子则一切正常，这是什么原因？弗洛伊德也曾遇到过这种“神经症因个人的不同而不同”的情况，父母情结的病因、含义一下不复存在了，在其作用下的个人和个人的独特气质，顺理成章成了被怀疑的对象。

弗洛伊德对该问题做了解答，我很不认同这个答案，但也找不到更好的。其实，在我看来，在这种时候提出这个问题“神经症因个人的不同而不同”，是很不恰当的。我们应在探讨这个难点之前，先想办法知道更多个人的反应。面对一道障碍，个人应做出何种反应？这就是问题的关键。好比走到一条河边，河上没有桥，河面很宽，要过河只能使劲往对岸跳。我们有个效果系统能实现该目的，这个系统也就是心理动力系统，复杂至极。我们需要做的不过是轻轻启动该系统，我们的准备工作已经做得相当充足了。不过，有一种完全属于心理性质的现象，会在这种情况发生之前出现，这种现象就是我们要为接下来的行动做决定。紧随其后的是，因个体的不同而有不同的行动方法，用以解决问题。然而，由于我们往往看不清自身，最好的情况是到了最后才终于看清了自身，因此，我们基本不会认为上述事件与人格存在关联，这是最关键的。即我们拥有心理驱动工具，其被我们掌控，我们也拥有心理资料，其能帮我们做决定，二者发挥的作用一般是无意识的，因为它们多建立在习惯的基础上。

人们对心理资料的构造怀有各种不同的看法，但都相信所有人都有自己的方法制定决策和解决难题。第一个人说，他仅仅是出于兴趣，才从那条小河上跳过去。第二个人说，他只有这一个选择。第三个人说，他会被自己遇到的所有困难刺激，去战胜这些困难。第四个人说，他不想做徒劳的尝试，因此没有从河上跳过去。第五个人说，他认为没必要到对岸去，所以没有跳。

我想让大家明白，表面看来，这些原因彼此间并无关联，所以我才列举了这样一个简单易懂的案例。这些原因其实都毫不重要，不去理会它们，转而运用我们自己的解释法，是我们的最佳选择。而我们要对所有人的心理适应系统有更加透彻的了解，就需要借助以上各种方法。对为了追求快感而行动的人进行研究，必然会发现，他做大多数事情的原因，无非是他能从这些事情中获得快感。至于不知该如何是好的人，我们必然会发现他在生活中很小心，总是被逼着做各种事。我们从这几种状况中得知，任何人在任何情况下，都**拥有自己独特的心理系统**，能在做决定的第一时间发挥作用。这种态度的数量必然很庞大，这点能够想象。其独特的形式与水晶体一样有很多种，但是可以进行分类。水晶体有几种基本的形式，个人态度也是一样，我们可根据它具备的基本特征，对其进行分类。

在古代，人们就开始为了达到简化的目的，试着把人类分为多种类型。东方星象学家以风水土火这四大元素为依据进行分类，这是人类已知历史最悠久的分类方法。根据其在星象图上的位置，风宫组由宝瓶宫、双子宫、天秤宫这三个黄道十二宫的风相星座构成；火宫组由白羊宫、狮子宫、射手宫构成。这种古老的观点认为，任何人只要生于这些宫中，都有风性或是火性，彰显出的气质与命运也是相同的。这种历史悠久的宇宙性图表，就是最早的古代生理学类型论。其中的四种性格，对应着人体的四种体液。最早用黄道十二宫代表的事物就是它们。之后，希腊人在医学领域以生理学术语为依据，将它们分成了四大类型，分别是黏液质、多血质、胆汁质、抑郁质。它们仅仅代表人类体内假设存在的体液。这种分类的方法延续了 17 个世纪之久，这点众所周知。而让人意想不到的是，星相学的类型论竟延续至今，在近些年甚至又开始流行起来。

我们通过回忆这些历史，确定了在我们之前，就曾有人试图创立类型论，就算我们不能再次把那些古老、本能的解决问题的方法对外展现出来——因为科学意识不容许我们这么做——但我们还是应该针对该问题，给出一个科学的解答。

我们就这样遇到了标准或规则问题，也是类型问题中最难以解决的问题。星相学以星座为依据，其规则非常简单。而认为人类个性元素可以划归黄道十二宫和行星的观点，却是一个直到现在都没办法解答的问题，要追溯其历史，需从遥不可及的史前说起。希腊人以生理气质四分法为依据确定的标准，与现代生理学类型当前的情况一样，以个人外表和行为作为主要内容。而心理学类型论规则要去何处寻找？再说回之前那个案例，从小河上跳过去。我们怎样对这些人的习惯目的进行分类，或者说以何种观点为依据分类？这些人或是为了追求快感，或是为了避免更大的问题，或是有别的念头，并未从河上跳过去，诸如此类。种种可能好像列都列不完，但把它们列出来，又好像一点价值都没有。

其他人面对这项工作会如何做，我不清楚。我唯一能跟大家说的是，我对其进行研究的过程是怎样的。我已经准备好了，别人可能会指责我完全是基于自身成见，想出了这种方法解决问题。这种指责并非没有依据，至于该如何面对它，我也不知道。或许哥伦布的案例可以为我所用，哥伦布做了一个错误的假设，据此选择了一条航线，现代人断然不会选这样的航线，而美洲就这样被发现了。只有借助眼睛，我们才能看到一切。所以，一门学科必然是很多人共同努力的结果，不会是某个人单独的成果。单个人只能奉献部分力量，我之所以有勇气提出自己的观点，就是基于这一点。

我经常会因为自己的职业，不得不留意很多人的喜好。我就此制定了一系列规定，与这么多年来我为那么多夫妇提供治疗时没有区别，尤其是当我希望他们彼此体谅之际。比如，我有很多次被迫说出这样的话：“嘿！你太太性格外向，你希望她每天躲在家里做家务不出门，这怎么能行呢？”类型论就始于这种以统计为依据得出的真理，即有人消极被动，有人积极主动。

不过，我并未满足于这种陈旧的观点。因为根据我的发现，喜欢沉思和不喜欢沉思的都大有人在。我观察到，看起来好像消极被动的人，其实不过是愿意在事情发生之前制定计划，他们不算太消极被动。这种人会先做思考，再采取行动。他们因为这种习惯，错过了一些要马上采取行动的好机会，这就是他们被大家评价为消极被动的原因。在我看来，不懂得深思熟虑的人都做事鲁莽，不会预先做半点考虑。这种人一早便掉进了泥潭，想后悔也已经太迟了。他们被评价为不懂得深思熟虑，就是基于这个原因。与评价他们“积极”相比，这种评价要恰当很多。某些情况下，人们需要一往无前，事先不做任何思考，同理，某些情况下，人们也需要先经过反复思考，再采取行动，这种做事的原则是相当重要的。可我又发现，第一种人虽行动轻率，却未必没有长远的目光，第二种人虽犹豫再三，却未必真的做了深入思考。一般说来，这种犹豫都源自习惯的怯懦，就算不是这样，他们的畏缩至少也是因为他们感觉到会有沉重的责任落到自己肩上。而积极行动的人则与之相反，他们对事情极有信心，才会有这种表现。我根据上述观察结果，为这种显著的区别下了定论，即遇到某事，部分人往往会做出这样的反应，好像说了一个“不”，却没有发出声音，每次行动之前，都要略作迟疑，找到相应的办法再说；在相同的情况下，其他人却会立即行动，非常自信自己的行动是正确的。所以，这第一种人和第二种人与一件事情分别是否定和肯定的关系。

第一种人符合内向性格，第二种人符合外向性格，这点我们都很清楚。不过，莫里哀[1]在自己的散文中经常用到的“布尔乔亚绅士”一词有多虚无，“内向”“外向”这两个名词就有多虚无。这种类型区别只会在我们找到该类型的所有特色后，彰显出自身的意义和价值。

在各个方面都绝对内向或绝对外向的人是不存在的。“内向”是说内向之人的所有心理现象都是内向性的。同理，我们说一个人外向，这句话除了表面意思外，什么意思都没有，跟以下几句话没有区别：说一个人有6英尺高，说一个人长了一头棕发，说一个人的头部很宽但很小。不过，“外向”这个词语却拥有远比这更为深刻的含义：外向之人无论意识还是无意识，全都性质清晰，其平日的行动、人际关系乃至其整个人生都具备一种特征，极具代表性。

作为一种典型态度，内向或外向都是掌控所有心理的活动，都是确定习惯性反应的关键倾向。所以，其能在决定行为的方式之余，改变主观经验的性质，并能对外展现出那些或许会被我们发现的无意识补偿行为。

由于习惯性反应既能掌控对外展现出来的行为，又能创造独特的经验，因此，我们在确定了为什么会出现习惯性反应后，就相当于触碰到了问题的关键所在。某种行为带来某种结果，当事

---

① 莫里哀（1622—1673），法国剧作家，代表作有《伪君子》《悭吝人》等。——译者注

人了解的结果又造就了一些经验，能对行为造成影响。经过这样的过程，个人的命运循环才可以说是完成了。

尽管我们已借助习惯性反应，解决了一个大问题，但还剩下一个很玄妙的问题，就算是精于此道的人，观点也会各不相同，这是不可避免的。我们对其的定义充足与否，对此并无影响。我在自己那本谈及相关类型的书[①]中，收集了大量证据，证明我的观点。不过，我也在这本书中明确说明，读者不用把这当成独一无二的真理，或是类型论中最可靠的一种。这本书不过是简单描述了一下相关理论，并谈到了内向和外向有何区别，仅此而已。可道理越是简单，越惹人怀疑，这点真是可惜。根据我的经验，其中多半隐藏着很多复杂的问题，却轻而易举瞒过了旁人。我在出版自己的原始规则时发现自己上了当，而我原本对此毫无察觉。这一发现让我非常难过，好像有什么奇怪的事情发生了。我的表现就好比和自己刚得到的新发现一样欣喜若狂，以过于简单的方式，表述了过于丰富的内容。

将人分为内向、外向两种类型的方法，囊括不了不同人之间的所有差异，这是最让我吃惊的一点。其中还有很多类型，数都数不清，迫使我开始怀疑，自己一开始的观点是否正确。我在此后耗费了近十年的时间，终于解释清楚了其中的疑难之处。

---

① 纽约哈考特·布雷斯出版社 1923 年出版的《心理类型》。——原注

我因为一个问题掉进了漩涡之中，很久都没能摆脱，这个问题就是**每种类型都包含着数不清的差异**，这些差异很容易观察、辨别。而由始至终，我的问题都与规则相关。如何找到恰当的专业术语，形容那些独特的差异？我到这时才首次对心理学的不成熟有了充分的认知。心理学中比较优秀的部分，仅仅是部分独立、出众、渊博的学者在其研究室、诊断室中得出的研究成果，心理学的整体状态是各个派系都坚持各自的观点。我觉得，我们若不想心理学停滞在中古时代，一定要让其包容所有生命形态，所以我特意去拜访了以女性、中国人、澳大利亚黑人的心理作为研究对象的心理学教授，这样才对得起我的工作。

我发觉，我几乎不可能在混乱不堪的现代心理中找到一种理想的规则。第一项规则是对心理学历史上由很多学者共同取得的不容忽视的珍贵成就加以运用，不过，这项规则未必完美。

我没办法在一篇这么简短的文章中，详细论述所有对我挑选心理功能规则划分法有帮助的研究。我只想论述一下我本人能够领悟的部分。内向之人有相当独特的犹豫方法，其不仅仅是在某件事面前退后或是犹豫那么简单，这点要了解。此外，每个内向之人都有其特殊的方法，他们未必会采取相同的行动。比如，鳄鱼会借助尾巴制住自己的敌人或猎物，狮子则不一样，它们往往会借助自己的前爪，这是它们的力量源头。人也是同样的道理，一般说来，对自身最可信、最有效的功能加以运用，同样是人的习惯性反应特征，人的力量便由此展现出来，但这不意味着人们的缺点能隐藏一辈子。我们因自身的一种功能格外突出，就集中所有精力运用这一种功能，无视其余功能，因此得到了自身独特的经验，有别于其他人。聪明人也会因为愤怒而动用自己的拳头，但只是偶尔为之。他在适应社会时，不会借助不合乎时代潮流的拳法，而会借助自己的智慧。所有人在生存、适应的竞争中，都会对自己最强大的功能加以应用，这是一种本能，大家的习惯性反应规则就是如此。

为了在混乱之中，清楚分辨出这些功能，我们要对它们进行概括总结，得出一些概念，但具体要怎么做呢？这就是我们当前的问题。这种分类方法在社会上一早就存在了，比如职业分类法，分成士农工商等多个类型。不过，这种分类方法与心理学并无关联，一如某位知名学者所言："很多学者不过是知识领域的苦工。"这句话真是不怀好意。

与之相比，类型论更加玄妙。比如，只以智商高低为依据进行分类，很明显太过概括，不够清晰，所以不能采用这种划分法。所有可行、能在短时间内生效、能将目标变为现实的行动，基本都称得上聪明。智慧和愚笨一样，是形态，而非功能。这不过是说明其发挥作用的方式。道德和美学原则也是相同的道理。我们需要确定到底何种功能在个人的习惯性反应中，占据着最有利的地位。我们因此被迫借助了一样东西，它看起来十分接近已有相当一段历史的 18 世纪学院派心理学。不过，我们在现实中对该理论进行解释时，却只想借助平时常用的口语，这样所有人都能理解、接纳。比如，说到“思考”，一般人肯定明白我在说什么，不知道的可能就只剩哲学家了。这个词语我们每天都在用，它的词义基本没有任何变化。不过，大家可能不知道该怎样清楚定义“思考”。这个道理也适用于“回忆”“感觉”这两个词语。不管借助科学方法定义这种观点，并将其变成心理学概念的难度有多高，在平时常用的口语中，它们都是通俗易懂的。语言是储存意象的仓库，这些意象都源自经验。若概念过于抽象，便无法在其中立足。若概念与现实关联很少，用不了多久就会荡然无存。但思想和感觉的真实性是绝对的，以至于基本上所有在原始水准之上的语言，都能用精准的字词将二者表达出来。所以，这些表达的字词必然对应着那些固定不变的心理事实，无论这些错综复杂的事实拥有何种科学的定义，对此都没有影响。比如，尽管直到现在，科学还不能就“意识”给出让人非常满意的定义，但所有人都很清楚何谓“意识”，这个概念表述了某种确定的心理条件，这点也没有人会质疑。

所以，我在构建心理功能的相关理论时，采用的是常用的口语概念。我还以此为规则，判定态度类型相同之人有何区别。举个例子，由于跟其他人相比，我对很多人做了更多的思考，另外，我对这样一种情况深感惊讶，那就是在做重要决定时，把自己的思考当成重点，因此，我在思考时，采用的多是大家熟知的意义。人们在了解、适应社会时，运用的都是自己的思考，再大的事情发生了，他们在做决定时还是只借助自己的思考，就算不是这样，至少他们也会在斟酌自己的行动标准时，以自己的思考为依据。还有种人只参考自己的情绪和感觉，而无视自己的思考。这种人制定对策的依据就是感觉，从来不愿做任何改变。若不是逼不得已，他们绝不会思考。这种人迥异于前一种人，二者的区别在以下情况下非常明显：这两种人因为合伙经商或婚姻关系而结合。所以，内向或外向的性格不会影响一些人对思考的喜爱，只是他们会参照自己的倾向、类型的特征，选择自己的方法。

可是，说到一种功能更在另一种功能之上，要清楚解释其中包含的所有区别，也是不可能的。对于我谈到的思考和感情这两种类型包含的两种人的共通性，我能做出的最深入的解释就是“理智”。思考多属于理智行为，这点我们都很清楚。至于感觉的几个重点，我不是想无视它们，实际情况刚好相反，我已为这个概念的相关问题绞尽脑汁。除了我自己的见解，别的我都不会讨论，我将以此避免这个观念的定义在这篇文章中出现太多次。而“感觉”这个词语在很多方面都能应用，在英语、法语中是这样，在德语中就更是这样了，这是主要的难点所在。所以，我们只能先区分两个概念，分别是感觉和知觉，感觉的产生过程就囊括在知觉中。我们还需要了解以下几种感觉是各不相同的：一是可惜；二是认为天气或许会有变；三是认为铝矿的股价会上升。所以，我想抛开这个词语的后两种含义——从心理学专业术语角度说——只采纳第一种含义。我们应在牵涉到知觉器官时，采用

“知觉”，在探讨不能通过直接探究，得出意识感觉经验的知觉时，采用“直觉”，这样更为恰当。这就相当于对感觉做出了这样的解释，它是经历过意识知觉过程的知觉；对直觉做出了这样的解释，它是由无意识内容与组合形成的知觉。

要讨论哪种定义更加恰如其分，很明显可以一直讨论到世界灭亡。可是到了最后，讨论的对象不过是名词。这个问题类似于讨论美洲豹和野狮子这两种称呼，哪种更适合某一头野兽。实际上，查清楚我们称呼的对象是什么样的，才是最重要的。心理学这个研究领域，直到现在还没有人来开发。我们应先规范一下其独特的术语。大家都知道，温度有三种测量方法，分别是列氏、摄氏、华氏。首先应该明确，我们究竟应采用哪一种。

我明显已经将感觉与知觉、直觉区分开了，把感觉当成了一项功能。任何人只要混淆了知觉、直觉与狭义的感觉，都绝不可能承认感情是理智的。若是区分开知觉、直觉与感情，那感觉的价值及其正确性，也就是我们的感觉，很明显就是理智的，且具备鉴赏力、逻辑与连续性，与思考没什么两样。对思考型人来说，这样说可能会有些奇怪，但是其在以下情况下，就不会让人觉得奇怪了：我们发现拥有特殊思考能力之人的感觉功能不够强大，颇为原始，所以很容易和其他功能混淆，比如那些不理智、无逻辑和判断力的功能，也就是知觉和直觉功能。知觉和直觉与理性功能相反。我们的思考不过是为了做出判断或给出结论。我们的感觉不过是为了将恰如其分的价值，赐予某种东西。另外，知觉和直觉会让我们明白发生了何事，但不会对其做出解释，或给出评价，即二者是有知觉力的。二者会接收发生的所有事，仅此而已，不会根据原则发挥什么作用。不过，“发生的”是自然的，既然如此，其理所应当是非理性的。要用推论法解答行星的数量、热血动物的种类何以会有那么多，对我们来说是不可能的。理性对思考和感觉来说不可或缺，而要让理性更加完备，还需要借助知觉和直觉。

很多人都把知觉或是直觉作为重要依据，所以他们的习惯性反应会是非理性的。可是知觉和直觉绝对对立，一如思考和感觉的关系，导致我们不能同时把知觉和直觉作为依据。如果我为找出究竟发生了何事，试着借助自己的双眼双耳，那我要在同一时间借助梦或想象，自然就是不可能的。直觉型人以让无意识的行动自由得到充分发挥为目的，既然这样，感知型人必然是迥异于直觉型人的另一种人，这点显而易见。在这里，我没办法探讨非理性类型中内向型和外向型的区别中那些有意思的方面，这是很可惜的。

可是我很想再说说通常情况下，已经确定的倾向会对其余功能发挥的作用。人不能达到完美的程度，这点大家都了解。人要牺牲一种品质，才能换得另一种品质的发展，因此要做到十全十美是不可能的。但有些功能不是通过练习得到的，且在平时的生活中应用不多，它们的情况又如何呢？一般说来，它们或多或少都会停滞于原始状态和婴儿状态中，处在半意识乃至彻底的无意识状态中。相对而言，这些功能未能获得发展，占据了独特的劣势地位。不过，它们却是个人性格中的重要组成部分。所有偏重于思考的感觉功能必然比较迟钝，而截然不同的知觉和直觉之间也有着不可调和的矛盾。我们可以参考某功能的效果、稳定性、确定性、可信性、适应性，简单确定其发展是否充分。可是通常情况下，要感知或是清楚解释那些不够发达的功能，是颇有难度的。有种判断的方法能明确辨认出这些功能，包括我们往往对其信心不足，需要依靠其他人或是环境，我们甚至会因其生出某种情绪，变得敏感过头，不值得信赖，不够清晰明了，或是极易被其他人左右。我们在利用这类发展不充分的功能时，总是处在下风，毕竟我们就是这种功能的牺牲品。

我在这篇文章中，只能涉及这一种心理学类型论的基本思想。我不能以这种理论为依据，非常细致地描绘出个人特色与行为，这点十分可惜。在该领域，我能提供给大家作为参考的所有研究成果，就是前文谈及的内向和外向这两种常见的类型态度。我还有一项研究成果——四分法，以思考、感觉、知觉、直觉这些功能为依据。由于常见的态度差异，这些功能又产生了八个新品种。我曾被人质问，把它们分成不多不少正好四种类型，是什么用意？实际上，我是以实验为依据，把它们分成了四种类型。从某种程度上说，分成四种已经够多了，接下来我会解释。我们从知觉中了解到，一种事物是什么，通过思考了解到，其具备何种意义，通过感觉了解到，其价值如何，再通过直觉了解到，其或许会出现何种变化。我们由此能以地理上标示经度和纬度的方法为依据，对自身进行调整，以与现在这个世界相适应。四种功能以明确、必不可少的方法划分开，好像指南针的四个方向。由于以下行为仅仅涉及习惯与理解，因此我们可以改变这四种功能的方向、度数，而不会遭遇任何阻碍，也可以将不同的名字赋予它们，这是我们的自由。

不过，我在进行心理学研究时，断然不会抛弃这个指南针，这点我要承认。这并非因为所有人都对自己的观点珍而重之这个显著的原因。我是因为一种客观的原因，才如此珍视我的类型论，即基于该类型论的比较法和修正法系统，我有可能建立一种具备严格意义的心理学，这种心理学长久以来一直没有出现。

第

7

章

人生各阶段的心理差异

走进社会时，每个人都怀有幻想，只是多少不一，但这是错的，即这时候，任何人都无力跟自己被逼进入的环境相适应。一般说来，之所以会出现这种情况，是因为期望过高，对困难估计过低，想法太乐观，以至于违背了常理，或是对人生持否定态度。引发早期意识的错误幻想有很多。

我们要探讨人生各个发展阶段，就必须展开从出生到死亡整个过程中所有心理生活的场景，这项工作需要花费巨大的精力。受篇幅所限，我只能概述一下。另外，我并不准备描述各个阶段的正常心理现象，这点大家也要了解。我只会概括谈到几个问题，这些问题难度比较高，会让人生疑，或让人觉得含糊不清，它们的答案或许不止一个，或者答案看起来很值得怀疑。其中不少问题存疑，更棘手的一点在于，部分问题需要我们自己先说服自己，在某些情况下有必要动用少许想象。

若心理生活的轨道是确定的，那单纯的经验就能让我们满足，这点从原始层次上说，的确是成立的。不过，现在文明人的心理生活到处都是问题。在对其进行探讨期间，我们只能利用“问题”的概念。大体说来，我们的心理过程是由思考、质疑、实验共同构成的，对无意识的、直觉的原始人来说，这些都属于非常陌生的事物。若非我们的意识得以发展，现在也不会遭遇这么多问题。除此之外，令人生疑的文明也是这些问题的源头。因为人在与背离自己天性的本能断绝关系后，才会产生意识。天性就是自然，让自然得以维系，是天性追逐的目标。意识却与之相反，一心只想追逐文化或否认文化。我们就算像卢梭期待的那样重返自然，自然也早就被人类文明化了。沉浸在无意识的自然中，与生活在对问题一无所知的本能安全中没有区别。问题出现后，我们内心所有依然归属自然的部分必将解体，因为怀疑是问题的真名，不确定与不一致可能在所有怀疑占据优势的地方出现。我们若有多种方法可供选择，必然会逐渐落入恐慌的掌控，不再受天性引导。因为在这种时候，意识会受命做出一个确定无疑的决定，自然经常帮自己的孩子做这种决定。从这以后，我们的内心就好像充斥着一种所有人都有的恐慌，相信所谓普罗米修斯式的征服，即意识最终可能履行不了自己自然替身的责任了。

我们就这样在问题的逼迫下，陷入了孤立的处境，遭到自然的抛弃，被赶进了意识状态。我们不得不向过去很多自然事件发生之际，那些让人信任至极的决定和方法求助，因为除此之外，我们就没有出路了。所以，所有问题的出现，都会扩大意识的范畴。我们还必须摆脱孩童一样的无意识和对自然的信任。这种需求属于一种非常重要的心理事实，在基督教象征教义中，也占据着至关重要的地位。一个自然的人成了牺牲品，那个无意识的、纯真的人，他在伊甸园吃了苹果，揭开了自己悲剧的序幕。《圣经》对人类堕落的记录表明，人类产生意识，就是一种灾难。所以到了现在，我们终于开始了解，所有问题都逼迫我们对意识进行强化，并不断远离无意识的童年乐园。大家都不想直面问题，不谈问题乃至否定问题的存在是最佳选择，但前提是这样做可以。问题是人们的忌讳，因为人们都期待过上简单、明确、顺风顺水的生活。人们摒弃怀疑，追逐安稳；排斥实验，渴求成就。可实际上，必须先经过怀疑，才能得到安稳；必须先经过实验，才能得到成就。总是不直面问题，就不会自信。必须要有更多更强大的意识，方能获得我们渴求的安定与明确。

上述序论好像太长了，但我觉得这是必不可少的，可以帮助解释本文的题目。在解决不得不解决的问题期间，我们总是拒绝选择主要靠自己探索的黑暗之路，这是一种本能。我们期盼得到毋庸置疑的结果，以至于彻底忽视了我们若不走进黑暗，再从黑暗中返回，就不可能取得成果。可我们必须将所有意识能够产生的启示力量聚集起来，乃至一定要动用少许想象——就像上文中所言，以看透那条黑暗之路。这是因为我们时常在解决心理问题期间，在各种学科中顾盼左右，不确定究竟该以哪种原理为依据。神学家、哲学家、医生、教育家，乃至生物学家、历史学家，都因为我们变得混乱，心生怒火。并不是因为我们太骄傲无礼，才做出了这种过分之举。真正的原因是人类心理是由多种元素共同构成的，相当神奇，这些学科的研究因此变得绝非普通人所能企及。人类在创立一门学科时，从自己的心灵出发，并借助了自己独特的天赋，这些学科对外彰显了人类的心理。

所以，我们要是问自己："人类为何会有这么多问题，迥异于动物？"——这个问题是不可避免的——那我们必然会遭遇一个难题，无数聪明的大脑耗费数百年都没能解决这个难题。我无意围绕这个大问题，做多余的论述，只想让大家了解我试着帮人类解答这个根本性问题，由此得到的成果，以供大家参考。

无意识就意味着无问题，所以我们再提出问题时，就需要换个角度，问意识是如何产生的。关于这个问题，没人给出确定的答案，但我们还是能对其有所了解，而这需要对孩子如何进入意识状态展开观察。所有父母只要细心一点，就能观察到这一过程。孩子认出一样东西或一个人，即孩子“认识”这样东西或这个人，就表明孩子已经具备了意识，这就是我们的观察结果。伊甸园里的智慧树能长出让人毁灭的果实，必然就是因为这个原因。

不过，究竟何谓认知或者知识呢？“认知”表示能在某种新知觉和某种旧内容之间建立关联，我们对旧内容产生了意识，对新知觉也没有异议，所以“认知”的基础就是心理内容彼此间有意识的关联。那些彼此没有关联的知识，我们根本无法掌握。关于这些知识的存在，我们更加不可能产生意识。所以我们能觉察的意识第一阶段，必然是至少两项心理内容彼此间的关联。此时的意识只可以算作时断时续的，只能在几种彼此关联的事物中展现出来，过了这段时间，它就会逐渐被忘记。人类的童年早期不存在持续的记忆，顶多有几座意识的小岛，如同我们在远处的黑夜中看见的几盏灯，或是几个发光体，这点已得到人们的认同。但这些记忆的小岛内容更加丰富、新颖，有别于心理内容彼此间的早期关联。这些内容就是一系列至关重要的关联，它们共同组成了自我。一开始，孩子都用第三人称讲话，因为自我和早期的内容体系都是意识的客体。很有可能是因为练习的原因，自我的内容之后出现了自己的力量，到了这时，终于出现了主观或者说"自我"的感觉。孩子再谈及自己时，很明显就会采用第一人称了。持续的记忆由此开始，这其实就属于自我记忆的持续性。

在孩童的意识阶段中，同样不会产生任何问题。孩童的一切还是要靠父母，不必承担任何责任。孩童继续生活在父母的心理氛围中，与出生之前没什么分别。进入青春期后，性生活的出现导致精神的产生，以及随后出现的自我意识和父母的有显著差异，这也是顺理成章的。生理变化出现后，心理变化也随即出现了。自我因体质的种种特点得以增强，自我的展现因此变得无拘无束，没有任何保留。一般说来，这就是所谓的"尴尬的年龄段"。

个人心理活动在这个阶段之前，完全被冲动掌控，基本不会遭遇任何问题。就算外部约束和主观冲动发生了矛盾，个人与其自身也不会因为上述让步，变得彼此对立。个人会屈从或压制上述冲动，到了最后，他还是能与自身融洽相处。一个问题会让内心紧张成什么样子，他并不清楚。当外部约束变成内部障碍，也就是两种冲动发生矛盾之际，才会出现这一状况。我们能用心理学专业术语这样解释，只有自我内容体系和第一个与之等同的紧张体系同时产生，才有可能出现上述由一个问题引发的状态，也就是个人与其自身彼此对立。我们可以把第二个体系称为另一个自我或是第二个自我，其能从自身的能量价值中获利，并拥有功能性含义，与自我情结势均力敌。第二个自我竭尽所能想抢走第一个自我的领导权，双方的关系因此疏远，这预示着问题即将产生。

以下是对上述内容的提要：意识第一阶段由辨识或者“认知”组成，属于无政府状态，也可以说一片混乱的状态。意识第二阶段也就是自我情结的发展阶段，出现了君主制，或者说一元化。意识第三阶段出现了二元化，开始向另一种意识发展，对自身的分裂状态有充足的了解。

接下来就能真正探讨人生各个阶段这个现实的主题了。首先来探讨青年阶段，其大致始于青春期，结束于三十五岁至四十岁的中年阶段。

首先谈人生第二个阶段，有人可能会很不解，问为什么要这样？童年时期不会遇到难题吗？对父母、教育家、医生来说，孩子错综复杂的心理活动肯定是最难理解的，但孩子在正常状态中，不会给自己制造真正的问题。成年以后，人才会开始质疑自己，与自己对立。

我们都熟知青春期的问题源头是什么。实际生活需求毁灭了大部分人的童年梦想。如果心理准备足够充足，个人在向事业过渡时，可能不会遇到任何波折。可一旦他的执拗与现实发生矛盾，形成错觉，就会引发问题。走进社会时，每个人都怀有幻想，只是多少不一，但这是错的，即这时候，任何人都无力与自己被逼进入的环境相适应。一般说来，之所以会出现这种情况，是因为期望过高，对困难估计过低，想法太乐观，以至于违背了常理，或是对人生持否定态度。引发早期意识问题的错误幻想有很多。

可是问题的产生有时并不是因为主观猜测和外部事实之间的矛盾。之所以会出现这种情况，也可能是因为内部的心理忐忑不安。就算看起来诸事顺利的个人，也会遭遇这种情况。性冲动导致心理失衡，因此忐忑不安，是其中比较常见的情况。究其原因，可能是让人不堪忍受的敏感引发的自卑。就算我们能轻而易举与这个社会相适应，但可能还是要承受这种内在的折磨。青年为了生计，不得不努力奋斗，他们不会遭遇这种问题。反倒是因为某个原因能轻而易举与社会相适应的人，会遭遇这种问题，其中包括性、矛盾引发的自卑等等。

一般情况下，因自身独特的气质遭遇问题之人，都有人格障碍。不过，我们若不想犯下大错，就不能混淆了人格障碍与神经症。有人格障碍的人之所以会烦恼，是因为它并未发觉自己遭遇了问题。神经症病人之所以遭受折磨，是因为其并未生病，却觉得自己出了问题。这便是二者明显的差异所在。

我们若试着从所有人青春期遇到的种种问题中，提取出相对广泛、重要的元素，就会发现所有人都想抓住童年时期的意识状态，只是具体程度不一，外在表现就是背叛命运的神明，对抗身边所有试图吞噬自己的力量，这是一种独特的状况。人都有种内在力量，想继续做一个孩子；想停留在无意识中，最多只承认知觉自我；不接纳任何陌生事物，至少要能用自己的意志掌控它们；

拒绝义务，甚至只追求享受，只想要权力。我们由此发现了一种惯性，即与二元化阶段的意识相比，这个阶段更加狭隘、自我，希望自己能不断延续。因为个人将在之后的人生阶段中，被迫认识、接纳自身那截然不同、怪异至极的部分，它们“同样是我”，个人要去发现它们。

生活水平线的扩张，是二元化阶段最重要的特色，也是反抗的对象。在此之前，这种扩张已经开始了。最早开始于孩子摆脱母亲窄小的子宫的约束，也就是孩子出生之际。从这以后，它不断发展壮大，走向一个重要的转折：被问题环绕其中的个人准备反抗。

这时候，个人如果能轻而易举地将自己变为另外那个陌生的“同样是我”，并消除早期的自我，会导致何种结果？我们可能会觉得这个过程非常合乎实际状况。劝人们放弃旧亚当，返回原始的民族再生祭典时期等宗教教义，不过是为了改造个人，将其变成新的人，即未来的人，消除过去的生活方式。

我们从心理学中得知，心理的事物从某种程度上说，不会变旧或真正消失。保罗的咬痕也没有消失。任何人若想逃避新的或是旧的事物，都将染上神经症。前者与从前分离，后者与未来分离，这是二者仅有的差异。从原理上说，二者犯了相同的错误，即为了生存下去，都想躲进一种极为狭小的心理状态中。在与之相反的两种极端中奋起反击，建立更加广阔、层次更高的意识状态，进入二元化阶段，是矫正上述错误的方法。

最好的情况当然是在人生第二阶段就能得到这种结果，但这恰好就是重点所在。首先，意识境界得以提升，自然并不会在意，自然在意的是其反面。更何况，社会中人不会太过重视心理智慧的成果，他们不会奖励人格，只会奖励成就，绝大多数人受到重视，是在去世之后。所以针对这种难题，有了一个异常复杂的解决方法，即我们不得不进行自我约束，做能够变成现实的事情，建立自身独特的态度，因为这是有能力的人赢得社会重视的唯一途径。

在领导我们摆脱混乱这件事上，成果、贡献等事物都是很好的选择。它们像北极星一样，指引着我们心理生活中冒险活动的扩张与稳固。它们无力指引我们进入文明那更加宽广的意识，只能为我们在社会上站稳脚跟，提供帮助。不管怎么样，该做法在青年阶段都很正常，远远好过在不断出现的问题中稀里糊涂生活，无论从哪个角度说都是如此。

所以，一般情况下，我们都会利用自己从前的经验，从而与将来的发展和社会的需求相适应，这就是我们解决难题的方法。除了很简单的事情，其他事情我们都不允许自己去做，就这样扼杀了自己其他所有的潜能。浪费从前的好机会和浪费将来的好机会，这两种情况都很常见。也许所有人都有过这样的经历：从前很多朋友或同学都有着非常美好的前程，但过了很多年，再见面时却发现他们的才能已消耗殆尽。关于刚刚罗列的解决方法，这就是案例。

不过，比较严重的人生问题往往不会彻底解决，彻底解决可能预示着失去。坚持研究，最终解决的过程才是问题的意义和目的所在，单纯的解决不是。只是这样，已经足以帮我们避开愚昧、迷茫的渊薮。要解决青年阶段的问题，好像只要自我约束，只做能马上看到效果的工作就可以了。可是从更深层的意义看，这只是暂时解决，断然无法长久维持下去。被迫改变自己的天性，以出人头地，的确能算是一种对于存在的适应，也的确能算是一项关键的成果——不管从哪个角度说，这点都是成立的。内部世界和外部世界在交战，好比孩子为了保卫自我，在开展一场战争。这场战争的战场在黑暗之中，所以大多数战况都看不到。不过，一些人就快到中年了，还固守着孩子一样的幻想、理想、自私的习惯，通过这种人就能马上看出，上述做法需要付出多大的代价。而那么多的理想、信念、指引、态度，在青年阶段指引我们走进生命的旅途。为了它们，我们可以牺牲一切，以追求最终的胜利。我们已经跟它们融合起来，将它们变成了生命的组成部分，所以它们可以永存，我们为此满怀喜悦，认为这是非常合理的存在。这就好比为了维护自我，孩子会在世界面前抛开所有顾忌，甚至不惜采用自虐的方式。

越接近中年，我们越不想走出个人观念和社会地位的局限。不仅如此，我们好像还找到了自己应该选择的人生之路、理想、行为规则。这就是为什么我们会把它们当成非常合理的存在，死死守住它们，不做任何思考。我们要约束自己的个性，才能在社会中取得一些成绩，这点相当重要，却没有得到我们的重视。一间杂物房中装满了记忆，表面落满灰尘，而那些需要我们切身体会的生活经验，很多都在这里头，甚至与在煤灰中闪闪发亮的煤粒一样。

统计表明，男性抑郁症病人基本都在四十岁上下，女性神经症病人却要年轻一些。**我们看到，人们的心理在三十五岁到四十岁这个生命阶段中，暗暗谋划着一场大变革。**一开始，变革不易被发现，也不会让人感到惊讶，就好像一种源自无意识的间接变革的前兆。一般说来，那就像慢慢发生的性格变动。在这种情况下，童年时期消失的一些特征会再度出现，或另外一些兴趣爱好会取代现有的一些兴趣爱好。另外，以道德律为代表的长期的信念与原则之类的东西会变得越来越僵化，持续到五十岁这种近乎冥顽不灵的年纪才停止，好像这时候必须要更加强化这些原则，否则它们就无法继续立足。

在年龄不断增加的过程中，青春时的葡萄酒只会变得更加浑浊，而非清澈。在成见很深的人身上，极易出现上述所有情况，不过有些早一点，有些迟一点。我认为，父母都在世的人出现上述情况的时间会迟一点，这种人的青春期长到这种程度，已经非常不合理了。父亲寿命很长的人，经常会出现这种情况。所以当其父亲去世时，他可能会迅速走向成熟，这种经历简直称得上惨痛。

我与一名教会执事相熟，他原本虔诚至极，但从四十岁开始，开始越来越厌恶道德和宗教事宜。另外，很明显他的性格也越来越糟糕了。到了最后，他就宛如一根“教堂的支柱”，在黑暗中逐渐倒下。他勉强活到了五十五岁。有天夜里，他在床上坐着，忽然对自己的妻子说：“我总算想清楚了，我其实就是个再寻常不过的无赖。”这一自觉性引发了更深入的结果，他的老年生活颇为放纵，期间将自己的大半财富都耗光了。个人走向两种极端的可能性非常大，这点显而易见。

成年以后，依然不由自主带着青春期的心理性质，这便是成年人的神经性焦虑的共同特征。众所周知，老年人为了让自己的生命之火继续燃烧，只能依靠不断回忆自己学生时期、青年时期那些光荣的事迹。如果不这么做，老年人就会掉进绝望之中无法自拔。不应该低估这么做的价值，因为它具备这样一种优势：这种人仅仅会让人厌恶，不知变通，谈不上人格障碍。现在，不能随心所欲，又没有勇气回忆过去，才属于人格障碍。

有人格障碍的人没办法与青春期道别，就像他们之前也没办法与童年时期道别一样。这种人总是尽可能回忆过去，因为他对自己的未来毫无信心，不愿去想将要到来的晚年。成年人逃避自己的晚年，一如幼稚的人逃避前途未卜的世界和人生。成年人这样做，好像是因为他必然会遇到大量危险的未知之事，好像是因为他必然要承受很多牺牲和失败，而他本人非常不愿意承受这些，也好像是因为他的生活迄今为止一直都很合理，很珍贵，他不能脱离这些，继续生存。

究其实质，这是否属于对死亡的畏惧？我觉得可能不是这样的。毕竟死亡其实还很遥远，所以依然能视其为抽象事物。这种过渡时期遭遇的难题全都能从内心出现的独特变化中，找出相应的基础和原因，这是我们从经验中得出的结论。我只能用太阳平日的运转来打比方，描绘这种特征。不过，此处的太阳受人类的感情与意识约束。它早上从无意识的黑夜中上升，张望眼前的世界，这个世界无边无际，一片光明，且范围不断扩张。太阳不断向上攀升至天空，其运行的范围在这个过程中不断扩大。这其中包含着何种意义，太阳本身已经了解。太阳的目的是看见自身的极限，也就是最广阔的照耀范围。太阳开始在这种信念的驱使下，探寻未知的旅途，直至天空最高处。这段旅途十分独特，且没办法预知终点，所以被称为未知的旅途。太阳到了中午，就开始走下坡路，即消除其在早上希望实现的所有理想和价值。太阳由此身陷自我矛盾。这时候，太阳不应该再发光，而应该把光吸收进来。光和热都逐渐熄灭了。

无论打多少个比方，看起来都没什么力度。不过，与其他比方相比，这个比方还算好的。法国有句名言，用嘲讽的语气概括道：希望青年都有头脑，希望老人都有积极性。

好在人类不是太阳，不会每天升起、落下，如若不然，人类的文化价值不知会糟糕到何种程度。不过，以清晨和黄昏、春季和秋季来比喻人生，不仅仅是伤感的暗语，人的确与太阳有些类似。由于生命的中午发生的改变，同样让身体特征发生了改变，因此可以说上述说法阐明了心理学真理和生理真相。生活在南半球的老年女性往往带着很多男性特征，包括皮肤粗糙，声音浑浊，长胡须，面部表情冷漠等等。男性却与之相反，会逐渐表现出脂肪增加、面部表情柔和等女性特征。

人种学的资料中有一份报告，非常有趣，内容是一名中年印第安酋长做了个关于一个巨大的精灵的梦。在梦里，精灵告诉酋长，从今往后，酋长要与女人、孩子共同生活，女人穿什么，他就穿什么，女人吃什么，他就吃什么。结果酋长身上并未发生任何坏事，因为梦中命令他做的事，他都做了。该想象恰好表明了人生走到中午，心理会出现的变化，即人生走上了下坡路。一种相反的改变开始出现在人的价值乃至肉体中。

不妨把男女两性的心理成分比喻成两种储存在容器内的物质，人的前半生，对两种物质的利用失衡。男性用掉了自己的大半男性物质，接下来只能用余下的少数女性物质。反过来，女性则开始用自己未曾动用过的男性特质。

相对于这种改变对身体的影响，它对心理的影响更严重。很多男性到了四五十岁，就不再追求自己的事业，而让妻子开一家小小的店铺，自己到店铺中打杂。过了四十岁以后，不少女性终于意识到对于社会，自己应该承担责任，这才有了为社会服务的念头。到了大约四十岁，就精神崩溃，这种人在现代商业中有很多，在美国就更多了。对这种病人稍作研究就能发现，其中多是一直撑到现在的男性部分崩溃了，从此变得女性化。相关行业中有很多女性则刚好相反，在自己的后半生中，她们彻底告别了自己被感情、情绪控制的习惯，展现出非同一般的男性气魄。一般说来，这种相反的改变都会在婚姻中引发种种灾祸。因为我们很容易想象，做丈夫的展现出温和的性格，做妻子的展现出咄咄逼人的性格，结果会是怎样的。

文化水平较高的人都会有这种倾向，但是关于这种改变会出现何种可能，他们却毫无了解，这才是最可怕的。他们没有任何准备，就进入了自己的后半生。社会上有没有专门的大学，只招收大约四十岁的学生，教授他们迎接接下来的人生的方法，一如一般的大学，专门为青年们设立，教授给他们社会生活的所有相关知识？没有，这样的大学在实际中是找不到的。我们没有任何准备，就进入了生命的下午。而这时候，我们往往会误以为自己已知的真理和理想必然能与人生的这个阶段相适应，这种想象让情况变得更加恶劣。由于早上的好东西，晚上就会失去价值，早上的真实事物，晚上就会变得虚无，因此，要想以人生早上的规划为依据，度过人生的下午，在现实中是不可能的。我的病人中有不少都上了年纪，我为他们做心理治疗，且经常进入他们的灵魂深处，探寻其中的秘密。我的经验告诉我，这是一项根本原理，适用于任何情况。

老年人应该明白自己的生命内部正逐渐冷却，因此只能缩小生命的范畴，不再继续向上爬升，也不再继续向外拓展。对自己太过重视，对青年来说简直是种罪孽与危险。可花费更多的时间留意自身，对老人来说却相当有必要。在向世界投射了太多阳光后，太阳自然要收回自己的阳光，照到自己身上。但是很多老人却没有这么做，不仅如此，他们还成了疑心病、小心眼、死硬派，用对过去的荣耀或是无法重来的青春的回忆，替代了照射自身的努力，这是很悲哀的。若想象借助前半生的原则，就能过好后半生，必然会出现这样的结果。

刚才提及，社会上没有学校是给大约四十岁的人设立的。实际上，这一点并不成立。以前，我们的宗教曾设立过很多这类学校，不是吗？不过，现在还能这样看待它们的，还剩下多少人呢？在这类学校受过教育后，就能做好准备，迎接后半生、晚年、死亡、永生，这样的老人究竟能有多少？

如果对个人来说，长寿根本一点意义都没有，那他自然不愿意长寿。人生的下午不仅仅是早上的悲哀附庸，它必定是有意义的。发挥自身才能，以得到社会保障，生育、抚养孩子，这些自然就是人生早上的意义，这种目标是非常合理的。不过，在实现乃至超出该目标后，赚钱、野心、扩大生活会继续稳定向前发展，以至于超出理性、常识的范畴吗？任何人若在人生的下午继续运用早上的规则，也就是自然的目的，其灵魂必然会受到伤害。一如成长中的青年想象自己能逃避到天真的自我主义中，就必然会在社会上遭遇失败，这是其犯错的代价。文化更在自然的目的之上，赚钱、拥有社会地位、建立家庭、生儿育女等等，并不属于文化，而仅仅是自然的行为。文化恰好是人类后半生的目的和意义所在，这种可能性成立吗？

我们在原始部落中发现，老人基本都是秘密和法律的保护者，部落的文化遗产就是仰仗他们，才得以传承下去。我们又是什么状况呢？我们的老人有什么智慧，有什么珍贵的秘密，有什么希望看到的未来？老人大多都想跟青年一较高下，美国的父亲做起事来，跟自己儿子的兄弟差不多，母亲甚至情愿跟自己女儿的妹妹一样——要是能做到的话。

为何会出现如此混乱的状况？是因为早些年过度重视年纪的尊严，还是因为错误的理想，我搞不清楚。这些成分必然是存在的，认为过去而非将来才是人生的目的所在的人就更是这样了。这就是为什么这种人为了怀念过去，不惜付出任何代价。跟前半生相比，后半生的目的应该更加舒适，其原因是什么，这些人并不清楚。难道以下目的还不够充足吗：扩大生活范围，为社会做贡献，完成对社会的任务后隐退，让自己的后人都能得到适合的另一半和工作，诸如此类？可惜很多老人还在埋怨生活范围不断缩小，相信自己年轻时的理想全都已经破灭，上述意义和目的，还是不能让他们感到满足。若这些人年轻时可以斟满自己人生的酒杯，然后全部喝光，那不管针对什么对象，他们都会有截然不同的见解。如果他们已经吸纳了一切点燃生命之火的燃料，没有任何剩余，那当老年的孤寂到来时，他们必然会选择高高兴兴地去迎接。可世上极少有人能被称为生活艺术家，这点不应忘记。在所有艺术中，生活艺术最宝贵、最罕见。能做到痛饮生命这杯酒的人，究竟有几个？因此，世人白白浪费了那么多生命，甚至倾尽全力也得不到赏识。这种人在步入老年阶段时，通常会怀着非常不满、总在怀念过去的情绪。

这种人最危险的举动就是经常回想自己的过去，他们要随时拥有对未来的期望和目标。一切了不起的宗教之所以包含着对下一世的期许，让人在前半生的意志力和目的得以延续到后半生，原因就在于此。现代人完全可以拥有广阔的生活范围，以及达到巅峰的事业。不过，他生命结束后的生活却存在问题，乃至让人无法置信。可是除非我们已经觉得人生枯燥无味，或坚信降落到最低点、照耀着另外那个世界之人的太阳，吸引力不逊于其上升到最高处时，否则我们不会愿意接纳死亡这一生命的终结。然而，现在信仰已经成了一门高高在上的艺术，导致信仰的道理不能被大多数人接纳，有文化的人就更是如此了。这种人已形成一种习惯性观点：所有类似于永世长存的问题，都存在很多矛盾的观点和缺乏说服力的证明。在现实社会中，当“科学”成为相信与否的决定性证据后，人们除了“科学的”证明外，什么都不愿意接受。可是这种证明根本不可能存在，有思想的知识分子都能明白这一点。事实上，大家对这些毫无了解。

既然这样，我能不能借助相同的依据，说明对于个人死后的真相，人们实际上并没有任何了解？肯定或否定的答案都不成立。关于火星上是否有人生存，我们无论如何都找不到恰当的科学证据。若火星上真有人，我们相不相信这一点，他们自然不会在乎。这些人存在或不存在都是有可能的，永世长存的问题也是一样，所以不妨先不理会这个问题。

但身为医生，我的职业良知苏醒过来，让我必须就该问题说出自己的看法。**与没有任何目标的生活相比，接受指引的生活更美好，更多彩，更健康，这就是我的发现。**我还发现，人生在世不要违背自然的规律，而要选择顺从。在心理医生眼中，不能跟自己人生道别的老人，与不能拥抱自己人生的青年同样懦弱而病态。有这两种情况的病人很多都有天真的贪欲、恐慌、执拗、任性这些问题。作为医生，我坚信将死亡视为人生的目标是种健康的做法——如果这种说法可行的话，极力想要逃避死亡的人相当于失去了后半生的目标，是不健康、反常的。我据此判定，最有利于心理健康的做法是相信人有下一世的宗教教义。假如我在一座房子里生活，得知这座房子过两周就要倒塌，这种念头必然会毁坏我所有的重要功能。而我若认为自己非常安全，那我住在房子里的这段时间，就会非常正常且舒服。所以，从心理治疗方法的角度说，仅将死亡当成一种过渡，一段生命旅程，是最佳做法。至于死亡的范畴与持续的时间，已经在我们未知的领域中了。

尽管大多数人直到现在都不清楚人类的身体为何需要盐分，但所有人都在凭借本能摄入盐分，心理也是相同的道理。从远古时代开始，很多人就知道有必要延续生命了，所以治疗的要求会引导我们走上过去人们走过的大路，而不是将我们导向错误的道路。因此，我们认为人生要有意义，这种观点是对的，哪怕我们并不理解自己这种观点。

我们在想些什么，我们以前知道吗？我们唯一清楚的是，思考只是一种方程式，无法给予我们任何新事物，只能把我们的投入再生产出来。这种做法属于理性的层次。人类除了这种做法，还能用原始意象思考，这是一种象征法，历史比人类还要悠久。史前时代，这种意象就在人类内心扎了根，从此世代流传，直到现在，它依旧是人类的心理基础。要想让自己的生活最富有意义，就必须让自己与这些象征物达成统一。聪明的做法就是返回这些象征物。相应的问题是协调我们的思想与无意识的原始意象的关系，而非信仰问题或知识问题。我们的思想意识全都以此为源头，而来世的观点是其中一种原始思想。这些象征物更在科学之上，是想象力的必备条件，是最为原始的材料，它们的恰当性与存在性，不是科学随意就能否定的。科学只可以将其当成既定事实，比如正在研究中的甲状腺功能。19 世纪之前，甲状腺还未被世人了解，因此被当成一种没有任何作用的器官。若大家现在也认为，原始意象是没有意义的，就必然会犯相同的错误，即眼光不够长远。这些意象在我眼中全都属于心理器官，一直以来，我在处理它们时，都慎之又慎。有时候，我需要告诉一名人到中年的病人："你的心理无法再正常地进行新陈代谢，因为上帝的影子已经从你脑子里消失了，或者你对永世长存的观点已经不见了。"与我们的想象相比，古代的永生之药的深度与意义都要高出很多倍。

我想再回头说说那个关于太阳的比方。那条 180 度的人生之弧能划分为四段。第一段在东边，即童年时期，我们本人不知道，但在其他人看来，这段时期我们的问题最多。第二段和第三段，即我们发现了这些问题。第四段，即最老年阶段，我们重新变得没有任何烦恼，对任何事都一无所知，在其他人看来，我们的问题又成了最多的。童年阶段和最老年阶段自然迥然不同，可是二者都进入了无意识的心理状态，这是它们的共同之处。因为老人已经重新陷进了无意识，之后又从无意识中逐渐消失，所以由无意识发展而来的孩童的心理，尽管其心理过程难以探究，但与老人相比，观察的难度还是要低一些。我不准备再探讨童年和老年这两个人生阶段，反正它们在意识中都没有问题。

第

8

章

作为一种方法的心理分析

很多人仅仅是因为生活太平淡无奇，才患上了神经症。很多不能正常生活的病人，也是相同的情况。我们根本不可能引导这种病人变得正常，因为“不正常”生活才能满足他们的最大需求。

一个人只要略有些见识，就能对自己有了解。他必然会在明确自身不足后，借助这种对自己的了解，为自己提供保护，并会投身于生活的战争，在持续的工作和经验中舍弃一种力量，正是这种力量让他沉溺于孩童的乐园中。他会以坦然直面自身缺陷为道德原则，竭尽所能从悲伤、错觉中脱离出来。这最终必将导致他逐渐远离被缺陷、引诱充斥的无意识，道德性、社会性挫败就储藏于此。

世人经常会混淆心理治疗和“心理分析”，前者也可以说是用心理学的方法对心理疾病进行治疗。当前，大家已广泛接受了“心理分析”这个词语，所以所有人在谈到它时，都认为自己已经掌握了它的意思。可真正掌握其意思的，还非常少。

“心理分析”这个词语在其创立者弗洛伊德的目的中，仅仅是一种借助潜抑冲动对心理病症做出解释的独特方法。这种方法是为了研究人生所做的一种独特尝试，在这种前提下，心理分析观念当然会包含诸如弗洛伊德的性理论等假设性理论。心理分析的创始人明确表示过，它的应用是受限的。然而，不遵守规定的人并不会理会什么规定。行外人继续在很多讨论心理问题的科学方法中，运用心理分析观念。因此，尽管从见解、方法上说，阿德勒学派与弗洛伊德学派存在巨大的差异，但二人的方法同样被冠以“心理分析”这个称呼。阿德勒本人基于双方的差异，把自己的方法称为“个体心理学”，而不是“心理分析”。至于我，则比较愿意用“分析心理学”来称呼我的方法。我想用这个称呼代表一个包含了以下几部分的总体概念：“心理分析”“个体心理学”，以及该领域的其他成就。

部分行外人可能会基于人类的心理相通性，急不可耐地断言全世界只存在一种心理学，各个派别的不同观点仅仅是主观狡辩，或主流以外的人故意戴的面具，想借此隐藏自己、卖弄自己。而我要罗列“心理分析学”以外的各个心理学派，是非常简单的。不少学派在方法、观念、教条方面，确实彼此矛盾。要判定哪个学派正确，哪个学派错误是不可能的，因为它们全都不够清楚明了。心理学观念当前存在很多差异和类型，是很正常的。可是对它们进行综合研究这项工作怎么没人做，一定会让行外人感到困惑。

如果一本病理学教材里出现了多种治疗方法，那读者必将据此断定，其中没有一种方法是十分行之有效的。而我们若是遇到多种心理研究方法，自然也会断定，所有方法，尤其是纯粹靠想象得出的方法，无法实现最终的治疗目标。现在的确有很多“心理学”都语无伦次。通往心理的路越来越难走，心理这个问题还变得“有角”了——尼采这样说。所以，现在不断有人批判心理难以理解，也是情有可原的，毕竟心理有太多个方面可供批判了。因此说现在该领域众说纷纭，难以达成一致，并不夸张。

大家会认为，我们在探讨心理分析的过程中，应针对为解决心理问题而付出的努力，进行广泛的探讨，除非这种努力及其成功或失败的结局和心理分析没有关系。若我们只在心理分析的定义这种狭小的范围内探讨，是很不妥当的。

可是大家忽然对人类心理有了这么强烈的兴趣，并将其视为新事物，是为什么呢？过去从来没有出现过这种情况。我提出但并不准备在这里回答这个问题，它看似跟主题没有关系。不过，这个问题并不是不重要，因为对于通神学、神秘学、占星术等现代流行的科学，大家同样怀有非常强烈的兴趣。

在普通的行外人看来，现实中的医学经验是“心理分析”相关概念的源头，因此大多数概念都要划到“医学心理学”范畴。这种概念从专业术语和理论角度看，的确有医生在诊疗室中的特点，我们据此判断，很多医生是根据自然科学，特别是生物学提出假设的。基于这种现象，现代心理学和学术领域的哲学、历史、古典学才得以明确区分开来。现代心理学是非常靠近自然的实验性科学，其他学科则与之相反，以心灵作为唯一的本源。可是，医生和生物学术语变得越来越艰深，导致自然和心灵越来越难交流。尽管在某些情况下，这些术语的确颇具实用价值，但是却与世人将心理学和以上学派明确区分开的美好心愿存在很大的差距。

我之所以觉得，我必须在本文一开始做出那种表态，就是因为这种观念方面的严重混乱。

接下来，我们开始探讨当前的工作，**“分析心理学”真正的成果是什么**。相关的研究数不胜数，我们很难概括。我试着从目标、成果的角度，将其分成几个小组或是阶段。我的态度还是比较保守的。另外，我这种划分的方法只是暂时的，表面看来可能非常随便，就像勘测员把某个国家分成多个三角形。不过，我还是试图用忏悔、解释、教育、转变这四个题目，把相关研究成果区分开。我会先对这四个词语的含义展开探讨。

忏悔式倾诉是一切分析治疗方法的典型起点。二者不存在直接的因果关联，但二者的心灵源头是一样的，即使心理分析原理和宗教忏悔有某种关联，行外人也并不清楚。

心灵会在人类产生罪恶思想后，做出掩饰性举动，也可以说是出现了潜抑现象，这是分析法的专业术语。任何事物只要被隐藏起来，必然是秘密的。若继续维持这种秘密，便会推动心灵逐渐生成某种有毒的液体，让持有秘密的人远离社会。少量有毒的液体是一种药剂，对确定不同个体有何区别发挥着必不可少的作用，其价值难以估量。这种情况极其常见，在原始人那里也一样。原始人一早便意识到，自己很有必要制造某些秘密。原始人有了秘密，就不会在社会中融解，也不会遭受心灵重创。不少历史悠久的神秘祭祀仪式之所以存在，就是为了满足这种彼此区分的需求，这一点众所周知。同样被当成神秘仪式的甚至还包括基督教会初期为临终之人举行的涂膏礼。至于洗礼，必须选在秘密之处进行。另外，必须用隐喻来称呼上述仪式。

很多人共同掌握一个秘密，可以让人获利良多，但是某个人独自掌握一个秘密，其结果必然是不好的。这就好比内心的负罪感，有这种负罪感的人是可怜人，他将因此不再与自己的伙伴继续交往。可与我们不了解自己要潜抑的对象相比，我们了解自己要隐藏的对象带来的坏处要少得多。原因在于，在第一种情况下，当事人自己都不清楚自己内心隐藏着秘密。秘密会在这种情况下自然脱离意识，变为独立情结，不会被意识思想矫正或打扰，在无意识中与世隔绝。这种情结便形成了心灵的自发部分，这部分经过发展，产生了一系列独特的自我想象生活，与经验展现出来的没有区别。实际上，此处的想象就是心灵的自发活动。它会在意识的潜抑行为出现少许懈怠或在睡眠期间彻底中断时出现。这种活动在睡眠期间出现的形式是梦。此外，我们到了白天，同样会在意识的边缘地带做梦，若有某种潜抑情结或无意识情结作用于这种活动，就更会有这种表现了。在此顺带提一下，无意识内容之所以会变为无意识情结，未必是因为过去的意识被潜抑。实际情况与之相反，无意识原本就具备独特的内容，在无意识内部，这些内容逐渐向上生长，直到长到意识表层。所以，随随便便将无意识说成被意识心理抛弃的东西，是很不应该的。

对人们的意识活动来说，一切靠近最底层意识或在意识表层的心灵内容都会对其产生一定的影响，只是多少不一。这种影响肯定是间接影响，毕竟这些心灵内容都不是有意识的。平日里人们说话、写字时出现的失误，以及忘事等类似情况，与一切神经症的症状原理相同，都源自上述干扰。这些现象都有各自的心灵起源，一般不会造成恐怖的后果，除非表现过火。刚刚提及的失误是神经症症状中最轻的一种，具体包括说错话，忽然忘记了名字、时间，不慎摔倒了并因此受伤，对别人的情绪理解错误，听错了别人的话，错误的记忆引发误会，让我们觉得自己说过什么话，做过什么事，诸如此类。对以上情况的全面研究表明，有种事物给意识的工作造成了间接、无意识的影响。

所以，与意识的秘密相比，无意识的秘密通常会造成更恶劣的后果。我有很多病人，他们所处的环境都非常糟糕，若他们意志略微薄弱一些，必然会自杀。他们经常有自杀倾向，但天生的理智却不会让他们的意识中出现自杀冲动。不过，在他们的无意识中，这种冲动却是存在的，时常会引发很多危险：比如在头晕或是迟疑的作用下，停到一辆正在行驶的车前面；比如，把氯化当成止咳药服食；比如突然想做惊险的杂技动作，诸如此类。若能将自杀倾向变为意识的组成部分，常识便会干涉自杀，病人便能辨认、避开这些诱使他们毁灭自身的情况。

所有个体的秘密都包含着负罪感，这一点众所周知。从普通人的道德观角度看，不管怎样，这种秘密都是错的。还有一种名为“克制”的隐藏，比较常见的情况是克制情绪。我们对其应该像对秘密一样持保留态度。克制对我们的身心健康有好处。甚至可将克制视为美德，克制成为人类最古老的道德成果之一，原因就在于此。在原始人的祭典中，克制占据的地位非常重要。对禁欲之人、承受痛苦或恐慌之人来说，克制的地位就更加重要了。但人们只有在和其他人的秘密集会中，才需要自我克制。不过，仅属于个人且可能不包含半点宗教性质的克制是有害的，与个人秘密没有区别。正因为有这种克制，人们才会有各种糟糕的情绪，才会那么容易生气。人们克制的情绪便是人们需要隐藏乃至自我欺骗的对象。男人最擅长做这种事，女人却生来就不能对自己的情绪做出如此粗鲁的行为，只有少数女人是例外。被克制的情绪会像无意识的秘密一样，孤立并干扰人们，让人们内心产生负罪感。一般说来，天性会因我们内心有其他人没有的秘密而对我们发火，所以如果我们为了避免伤害别人，克制自己的情绪，天性自然也会对我们发火。在这一点上，天性热衷于保持空白。如果人们保持和睦关系的唯一方法是克制情绪，那时间久了，人们就会忍无可忍。**绝大多数被潜抑的情绪，都是人们希望保密的对象**。可是这些情绪多半没有保密的价值，很多能够直接表达出来的情绪之所以变成了无意识的组成部分，正是因为它在关键时刻遭到了克制。

神经症之所以诞生，可能部分是因为对秘密的过度抑制，部分是因为对情绪的过度克制。歇斯底里症病人内心必然藏有秘密，哪怕它从来不对自己的情绪加以克制；强迫神经症病人则必然不知该如何化解自身的情绪。

保住秘密也好，克制情绪也好，都属于心灵的错误举动。这时，也就是我们秘密做出这种举动时，天性会让我们生病。不过，我们若是和其他人一起做出这种举动，就能让天性获得满足，不仅如此，还会被当成一种美德，得享其价值。对健康没有好处的克制必然是在私底下进行的，并且只为当事人自身考虑。这好像意味着，了解其他人的缺陷、愚蠢、错误，是所有人的权利。而我们为了自我保护，把这些全都当成了保密的对象。从天性角度说，如果人们隐藏自己的不足，是一种罪恶，那人们要想继续活在世上，好像就要借助自己的缺陷了。大家好像认为，人们承认自己会犯错，自己只是普通人，而不去想办法中断或是放弃对自己的防守与保护，便会遭受良知的强烈批判。大家只有怀有这种想法，才不会觉得无论何时，自己和生活经验中间都隔着一道深渊，才会觉得自己与大家是一个整体。真正的、不庸俗的倾诉有何重要意义，我们终于找到了。在古代人的入会典礼、神秘祭祀等风俗中，一早就有对这种重要意义的展现，一如希腊圣餐礼中所言：“你要舍弃一切，才能得到一切。”

我们应该用这句话来指导我们的早期心理治疗。用科学方法对历史悠久的真理进行验证，是心理分析早期的基础工作。连早期用的一个词语“发泄”，都源自希腊的入会典礼。起初，“发泄”的意思就是想办法（不管是不是采用催眠的方法），在病人和他的心灵内部建立联系，也就是引导病人进入冥想或沉思的境界——东方的瑜伽术语。心理分析有别于瑜伽术的地方在于，前者的目的是在冥想中观察那些用意象或感觉形式展现的变幻莫测的形象，那些在无意识中自然而然呈现的部分——我们不必为其呈现付出努力，瑜伽术则不然。我们通过这个方法，能够再次发现那些被潜抑或被遗忘的事物。尽管那些事物没那么重要或一点也不重要，但依旧是自我的投影，能为自我天性提供已经成型的事物，所以这项艰苦的工作能够给我们带来成果。实体如何能在没有投影的情况下存在？作为完整的人，我肯定会有自己投下的阴影。我知道，我在这一点上，与所有正常人都没有分别。另外，若我可以确定，自己拥有某个部分，那我的情结便会因为完善的自我发现而消失，我患上神经症之前的真实面貌，也会因此恢复。由于我仍是孤立的，只让自己了解真相，我能治愈的便只是其中某个组成部分。我必须依靠倾诉，才能摆脱道德放逐的痛苦，重新回归人类。这种发泄治疗方法以充足的倾诉为目的，这要求真诚地释放被压制的情绪，而不仅仅是说出真相。

对思想简单的人来说，这种倾诉自然是卓有成效的，往往能达到让人异常惊讶的治疗效果，要想象这些并不困难。不过，在这里，我想让大家留意的是被反复凸显的倾诉的重要性，而非在这个阶段就借助这种方法康复的病人。最让人惊讶的便是这种重要性的凸显。毕竟，因为某些秘密，所有人或多或少都会展现出自己的反常之处。我们并不想借助倾诉，试图填上那道让我们分开的鸿沟，反过来，我们还对那些具有欺骗性的观点与妄想持信任态度，思想简单至此。我这些话谈不上高见。我们不会因为对罪恶的倾诉提出太多要求而走得更加长远。这种事要谨慎处理，是心理学给我们的提示。由于其中包含着一个“又尖又弯的角”，因此我们的研究不能以其为直接或是唯一的对象。我们探讨解释第二个阶段时，大家就能明白这一点了。

若发泄治疗法能治百病，那这个新型心理学派很明显必将止步于倾诉阶段，再也不会前进。而我们有时无法带一些病人来到无意识的边沿地带，推动他们找出自身的阴影，这是最关键的。很多相当复杂且意识性极高的病人非常确定，让自己放松下来的方法并不存在。他们强烈抗拒所有弱化他们意识的举动，他们只想与医生说自己百分百意识到的东西，让医生明白并去探讨他们这些难题。自己已经忍无可忍了，不用再求助于无意识，他们这样表示。一系列探究无意识的新方法，在应对这种病人的过程中必不可少。

我们使用发泄治疗法期间遇到的第一个阻碍就是如此，之后会谈及第二个阻碍。“解释”这第二个阶段的问题，便由此诞生。我们先来假设一个病例，倾诉已经遵循发泄治疗法的原理开始了，神经症消失了，或者说其病症不见了。只从医生的角度看病人，其已经康复，可以走了，但实际上，病人却不能走，女性病人更是如此。倾诉的工作导致病人和医生好像已经连为一体了。这种附属关系看似毫无意义，但若是硬将其斩断，必然会导致病人再次生病。

真正奇特而有意义的病例，反倒是那些不存在附属关系的病例。很明显，病人之所以要走，是因为他的病好了，但他对发现自己心底的部分着了迷，想要继续倾诉，哪怕因此不能再过上正常的生活，也在所不惜。掌控他的不是医生，而是无意识和他自己。忒休斯和他的伙伴庇里托俄斯到冥界去，请冥界女神来到世间。他们在返回途中感到疲惫，便坐到石头上休息了一阵子，结果发现自己再也站不起来了，因为已和石头长到了一起。[①] 这个病人

① 忒休斯是希腊神话中的雅典国王，庇里托俄斯是他的伙伴，两人经常并肩作战。庇里托俄斯看中了冥王哈迪斯的妻子珀耳塞福涅，想要将她据为己有，便和忒休斯一起去冥界抢人，因此被冥王扣留在了冥界。——译者注

很明显也有类似的经历。

这些事情如此怪异，如此出人意表，医生需要向病人做出解释。之前谈及一些病例，无法借助发泄治疗法治疗，也需要做出解释。很明显，这两种病人截然不同，但是双方都要借助解释，便是其相似的地方，也就是探索弗洛伊德发现的“固置现象”的源头。接受过发泄治疗法的病人，特别是保留着对医生的附属关系的病人出现了显著的“固置现象”。在催眠治疗引发的令人不悦的结果中，也有相似的问题。不过，大家尚不了解这种附属关系的构造。该问题的连接关系很像父子关系，这是我们当前的发现。病人呈现出倚赖状态，显得很幼稚，连借助理性、悟性以自保，都做不到。某些情况下，固置症状如此严重，以至于让人产生了误会，觉得一种超自然的力量在作用于它。不过，病人不能就此提供任何提示，因为该过程是无意识的。当前，我们正面临一种由心理治疗直接引发的“神经症”这种新病症，那么怎样应对这种新问题呢？父亲的意象和情感等记忆，表面看来的确已被转移到了医生身上。而很明显，病人已经处在孩子的关系位置上了。至于医生愿不愿意接受父亲的关系位置，对此并无影响。病人之所以表现得非常幼稚，并非因为这种关系。真正的原因在于，他本就具备的幼稚特性之前受到了潜抑。如今，这种幼稚对外展现出来，并找回了许久不见的父亲。童年时期的家庭氛围正在恢复。弗洛伊德称这种现象为“移情”，恰如其分。对帮助自己的心理分析师的倚赖，从某种意义上说是正常、合理的。不正常且让人意外的只有这样一种人，他拒绝移情和矫正，而这种拒绝是十分罕见的。

弗洛伊德最出色的成果之一就是对上述连接关系性质的解释，至少从个人历史经验角度说，他做出了解释。此外，他开辟了一条光明大道——发展心理学。现在我们都已确定是无意识的想象引发了这种连接关系。说到底，这些想象就是“乱伦”的特质。这好像已经解释了为何这些想象始终存在于无意识状态中，要让其对外展现出来，单靠倾诉完全行不通。尽管弗洛伊德曾多次表示，这些乱伦想象被潜抑了，而根据我们更深层次的经验，这些想象完全没有进入意识，或就算进入了意识，形式也非常隐晦，所以说它们是被故意潜抑的，无法成立。近期的研究报告显示，长久以来，这些乱伦的想象好像都处在无意识之中，其被挖掘出来，是借助心理分析实现的。我的意思不是从无意识中提取出它们，会打扰天性，最好不要这么做。我的意思仅仅是让大家明白，这项工作是很严肃的，其过程与所有外科手术没有区别。进行心理分析期间，若遇到了某种反常的移情，对其进行处理只有一种方法，就是把乱伦的想象挖掘出来。

发泄治疗法帮自我的内容找到了一种方法，与意识很相近，并让自我的内容走上了正轨。另外，对移情作用经过的彰显，真实展现了其内容。基于自身的特征，这些内容不能进入意识中。倾诉和解释这两个阶段的主要差异就在于此。

我们探讨了不能用发泄治疗法治疗的病人，以及能用这种方法治疗的病人。我们刚刚还提到了用移情的形式展现自身“固置现象”的病人。另外，我们又谈到了第四种病人，他们与医生没有半点附属关系，却与无意识有相当复杂的关系。这些病人还是不能以另外一个人作为自己父亲意象的转移对象。这种意象变成了想象，不过，其吸引力却非常接近于移情的附属力量。

有些病人能够接受发泄治疗法，没有任何顾忌。他们为什么会这样，我们很容易从弗洛伊德的研究中得到解释。我们发现，病人在去跟医生见面之前，已经认定自己就是父亲、母亲，他们从中获得了力量、威望、独立、批评能力，因此产生了某种力量，能与治疗抗争。这种人都受过教育，拥有独特的性格。还有一些人是父亲这种意象在无意识中的牺牲，这些人将自己等同于父亲、母亲，由此获得了力量，自己却毫无察觉。

我们谈到“移情”的问题时，想要借助倾诉得到某种结果，的确不可能。所以，弗洛伊德才被迫彻底修改了布洛伊尔[①]的倾诉法，得到了自己的解释法。由于解释移情导致的关系很有必要，因此，这个过程必不可少。关于这样做的重要性，普通的行外人可能不知道，但对于突然掉进匪夷所思的想象中的医生来说，要看清这点非常简单。他要向病人解释什么是移情作用，让病人了

---

① 约瑟夫·布洛伊尔(1842—1925)，奥地利医生，弗洛伊德的同学。1895年，布洛伊尔和弗洛伊德合作出版了《癔病研究》一书。同一年，因为种种分歧，两人的合作关系宣告结束。——译者注

am~/ du bis d' her d' aufgang.
am~/ du bis d' stern d' ostens.
am~/ du bis die blume/ die üb' alle
bluehst.
am~/ du bis d' hirs'/ d' aus d' walde
bricht.
am~/ du bis d' gesang/ d' ferne ueb'
das wass' toent.
am~/ du bis ende v' anfang.

Weihnacht i angebroch: d
gott i in mi. i habe mein gott
ein tepi gebreitet/ein köstlich
roth tepi des morgenlandes.
er soll vom schein d pracht sei
nes östlich landes umgeb sein
i bin die mutt/die einfällige
magd/die empfang hat u w
ußte nicht wie. i bin d sorgsa
me vat/d die magd schützte.
i bin d hirt/d die botschaft e
mpfieng/als er des nachts sei
ne herde wartete auf dunkeln flur.

r eine straße ohn' ende·

122
4 dec. mcmxix.

Systema mundi totius.

89

解，医生在他的想象中变成了什么样的人。病人对个中原因一无所知，医生只能从病人的想象中得到尽量多的暗示，之后再研究，研究的方法就是分析解说法。从自己过去的梦中，做梦人能获取某些重要的资料，这点才是最关键的。弗洛伊德在研究不能与人的意识同时存在的潜抑愿望，在研究梦，在探究愿望期间，终于找到了乱伦的含义，我之前曾经谈到过。他除了这项成果，还找到了人性可能包含的丑陋。我恐怕要耗尽一生的经历，才能逐一罗列出这些丑陋！

弗洛伊德解释法的额外发现，揭露了人类所有阴暗的表现，这种结果此前从未出现过。在想象的范畴内，用这种药物治疗人性的错觉，效果是最好的。有那么多人那么强烈地批判弗洛伊德和弗洛伊德学派，原因就在于此。我们不想对那些执意相信人性错觉的人说什么。不过，解释法的反对者中有不少人原本能够直面人性阴暗面，且并未产生错觉，但是对于只透过有色眼镜的阴暗面对人性进行描述的方法，他们还是持反对态度，对此我很清楚。因为投射阴影的个体才是问题的关键，阴影本身不是。

弗洛伊德解释法以“还原”解释法为依据，后者不仅是一种倒退，还在不断倒退中。其恶劣的影响会在行为稍微过火，以及个人太固执己见的情况下出现。可是弗洛伊德的拓展工作，依旧给心理学带来了巨大的利益。直到现在，心理学才意识到人性和人的作品、规章、信仰全都有阴暗面。低贱的源头甚至存在于人们最朴实、圣洁的信条中。由于所有生物最初都很鄙陋，一如建造房屋要先建地基，再往上建造，因此上述判定方法是有依据的。雷纳克[①]在阐释画作《最后的晚餐》时，采用了原始人的图腾崇拜观念，其内涵很深邃，一切有思想的人都会承认这一点。另外，希腊众神的神话中有乱伦这种主题，他也不会否认。有一点毋庸置疑，人们无法忍受站在阴暗面的角度，对光明的事物加以阐释，并据此判定其源头恐怖而污秽。但我认为，这就是人类的不完美与缺陷，而其前提是站在阴暗面的角度阐释，会引发恶劣的后果。我们自身拥有野蛮、幼稚的特性，觉得高度是存在的，深度却不存在，因此看不清真理，不明白二者在极端处必将相逢，这就是我们对弗洛伊德解释法心存畏惧的原因。我们错误地相信，明亮面会在我们站在阴暗面进行阐释时消失。弗洛伊德就犯了这种错误，真是可惜。阴暗和光明的关系一如善和恶的关系，前者是后者的组成部分，后者也是前者的组成部分。所以，我毫不犹豫地把西方思想的错觉与微不足道揭示出来，而不理会大家对此有多惊讶。这种真相得以呈现，让我深感安慰，这在我眼中是一种了不起的奉献。在历史上，类似的现象经常会成为引发道德正确性的原因，我们能够发现这一点。我们受其作用，不得不接受爱因斯坦在现代数学物理中阐释的哲学相对论，这是属于东方人的真理。它对我们的影响如此深远，让我们深感意外。

心灵观念给我们的行为带来的影响是最小的。不过，若某种

---

① 所罗门·雷纳克(1858—1932)，法国考古学家，对图腾崇拜颇有研究。——译者注

观念隔在东方和西方之间，是一些没有任何历史关系的心灵经验共同造就的结果，那对其进行更深入的研究，就很有必要了。因为这种观念是一些力量的代表，这些力量不能借助逻辑加以证实，也不能借助道德实施惩处。与人或人的脑力相比，它们的力量要大很多。人们总觉得是自己创造了观念，其实是观念塑造了人，将人变成自己的传话者，并将人变得一点思考能力都没有。

再返回“固置现象”那个问题。我希望先来说说解释法有何作用。病人挖掘出自己移情行为的阴暗面源头后，会意识到自己与医生存在不合理的关系，会觉得自己的观点不恰当、不成熟、很滑稽，这是不可避免的。如果病人一度觉得自己很有威望，就会用比较低的地位取代自己现在比较高的地位，就会认同对自己身体和精神来说，这种不够安全的地位更加有利。若他一度在医生面前，表现出幼稚的依赖，那他眼下必定会发现，对别人的依赖是再天真不过的自我麻醉，应该用更强大的自身责任感取代它，这是一种绝对成立的真理。一个人只要略有些见识，就能对自己有了解。他必然会在明确自身不足后，借助这种对自己的了解，为自己提供保护，并会投身于生活的战争，在持续的工作和经验中舍弃一种力量，正是这种力量让他沉溺于孩童的乐园中。他会以坦然直面自身缺陷为道德原则，竭尽所能从悲伤、错觉中脱离出来。这最终必将导致他逐渐远离被缺陷、引诱充斥的无意识，道德性、社会性挫败就储藏于此。

病人接下来要面对的问题是在教育中变成社会人，第三个阶段由此开始。一旦开始了解自己的心灵，对道德问题感觉敏锐之人就会因此努力奋斗下去。而对道德的价值一点都不看重的人，不会只凭对心灵的了解就努力奋斗。没有外部刺激，就算他们坚信“领悟方法”，这种方法也不会对他们生效。有些人对分析解说法有过亲身体验，但还是不相信这种方法，这种人就更是这样了。这种人接受过心理教育，对还原解释法有深入的了解，却不能接受。在他们看来，除了毁坏希望和理想，解释发挥不了任何作用。“领悟”对这种病人来说是不够的。解释法的局限就在于此。解释法只能对这样一种人发挥作用：他们感觉敏锐，也就是能凭一己之力，从自我认知中推导出道德结论。与不解释的倾诉法相比，解释法能磨砺内心，并有可能激发出有利的潜能，因此更进一步。不过，就算是最详细的解释法，在某些情况下也无法得到不同的结果，不过是让病人变得相当理智罢了。弗洛伊德的“享乐原则”解释法误差很大，不能广泛使用，在之后的那个阶段，这种情况会更加严重，这就是问题所在。哪怕所有人都有这种表现，也不会每次都是最关键的，因此，要让该观念对所有人都适用，是不可能的。饥饿的画家选择面包，而不是美妙的画。恋爱中的人选择恋人，而不是自己的事业。可能对这个画家来说，再没有比这幅画更重要的了。可能对这个恋爱中的人来说，事业同样很重要。通常情况下，很容易适应社会并取得成就的人，用“享乐原则”能轻易做出解释；而难以适应社会，只是强烈地希望自己会变得更强、更重要的人，用“享乐原则”就很难解释了。继承家业、大权在握的长子多会在欲望的驱使下采取行动。至于次子，总是屈居人下，得不到重视，多会在野心的驱使下采取行动，并迫切希望得到他人的尊重，可能对他来说，其他所有事都不重要，只有这种情绪能掌控他。

弗洛伊德的解释法不能从根本上做出解释，对此我们已有所了解。弗洛伊德的学生阿德勒在这种情况下站出来，就该问题提出了解决的办法。阿德勒言之凿凿地说，与其用“享乐原则”，倒不如用“权欲”来解释大量神经症的起因，这样会更加顺利。所以，阿德勒的解释法就是表明病人是为了获取少许虚无的名头，“赋予”了自己神经症的病症。其移情和固置现象同样是为满足权欲，所以可以断定该现象代表了“男性抗争”，抗争的对象是想象中的屈从。阿德勒关注的重点对象很明显是这样一些人，他们一门心思想着增强自信，却压制了自己的自信，以至于在社会上一点成绩都没有。他们总是想象自己是被压抑的对象，总是觉得自己的想象力得不到充足的发挥，最终埋没了自己的终极目标，因此得了神经症。

阿德勒这种方法，实际始于第二个阶段。他阐释病症的方法对病人的理解力提出了要求。可是很多时候，阿德勒都不希望病人知道得过多。他更深入的研究提出了对社会教育的需求。弗洛伊德是研究和解释者，阿德勒却是教育者。把病人放在幼稚的环境中，从此不再理会病人，这种事阿德勒可不会做。若病人虽已对自己有了解，却还是一点办法都没有，阿德勒就会竭尽所能教育病人，将其改造成正常的人，可以与社会相适应。从这个角度看，阿德勒可以说是矫正了弗洛伊德的方法。很明显，他这样做是出于对社会适应能力和正常化必不可少的强大信心。这不仅与个人意愿相符，还能让个人得到最恰当的成绩。阿德勒的这一观点，就是其学说如此流行的原因。不过，他偶尔会忽视甚至彻底否定无意识。这可能就像钟摆的摆动，为了反对弗洛伊德对无意识的过度凸显，阿德勒采取了这种办法。而弗洛伊德凸显无意识的动机也是一样，因为普通人都害怕且拒绝谈论无意识。极力在社会中寻求发展的人，以及极力追求身体健康的人身上，都经常出现这类现象。因为如果在人们看来，无意识仅仅是人性罪恶或阴暗，乃至原始罪恶诉求的收容所，那我们要再度靠近这片我们一度陷入其中的沼泽，又是出于什么原因呢？一般人都会想要远远躲开这片泥淖，只有研究人员可能从中发现神奇的世界。这就好比佛教的初期教义只能否定神的存在，以从持续了将近两千年的神的理论中脱离出来。而心理学需要彻底否定弗洛伊德对无意识的主张，借助这样的研究方法，才能得到更多的进步，也是同样的道理。

阿德勒学派能帮那些对自己的心灵有所了解的人回归生活的正轨，因为他坚持教育为主，他的起点恰好就是弗洛伊德的终点。由于了解恶的源头，对疾病的治疗并无好处，所以仅仅让阿德勒知道生病的过程和起因，可能还不够。神经症包含着很多执拗的习惯，这点必须牢牢记住。另外，这些坏习惯若不能被好的习惯取而代之，那么就算了解、领悟都达到了很高的程度，也不能让神经症自愈，这点也应牢牢记住。不过，习惯的诞生要借助反复的练习，因此，要达成这一目标只有一个方法，就是恰当的教育。病人都应接受指引，选择其余道路。一般说来，教育愿望对这项工作必不可少。这就解释了牧师、教师格外喜欢阿德勒的方法，医师、知识分子——往往是表现不好的医师和教育人员——格外支持弗洛伊德学派的原因。

心理分析的每个阶段都有一些决定性事物。经过有利的倾诉和发泄清理后，我们认为，目标总算已经实现了。所有事情都已再清楚不过，所有担心和眼泪都已成为过去，从这以后，所有事都将步入正轨。我们在完成解释法之后，也都坚信自己找到了神经症的源头。我们挖掘出了最开始的记忆，拔起了埋葬最深的根系。移情仅仅是一种想象，想将孩子的心愿变为现实，或仅仅是对以前的家庭乐趣的怀念。生活的道路已被开辟出来，通往正常与醒悟。然而，教育的阶段紧随其后到来。我们发现倾诉、解释并不能让长势欠佳的树变得笔直。接受过充足的训练、园艺技术高超的园丁，才能满足我们的最高需求。

每个发展阶段引发的让人惊讶的结果，都能解释为何现在很多用发泄治疗法治疗自己的人，很明显都对名词“梦的解析”闻所未闻。在弗洛伊德学派中，很多人没听说过阿德勒；在阿德勒学派中，也有很多人对无意识只字不提！各个学派都将自己的结果当成最终结果，导致大家议论纷纷。我们身陷混乱之中，不知道该如何选择。

这种众说纷纭的情况之所以出现，究竟是为什么？我所能想到的只有一点，即心理分析的各个阶段都被概括为一项基本事实，很多为这种原理案例做阐释的方法由此产生，这些方法都很让人吃惊。很少有人会因为遇到了几种例外的情况，去否认某个真理，毕竟世间的幻觉实在太多了。世人肯定会把因此质疑真理的人视为缺少信仰的堕落之人。而在方方面面的探讨中，世人却准许大家的态度中包含想象与不宽容的成分。

可所有人都只能在一定范围内传递知识的火炬，让其他人帮我们把火炬继续传递下去，是很有必要的。若世人都能客观接纳以下观念，自然就能消除其中的大量有毒物质、不良居心，自然就能让世人明白人类内心的深度，明白凌驾于个人之上的持续性：我们要明白自己仅仅是阐释真理之人，代表现代人表达自己内心需求之人，而不是创造真理之人。

治疗期间，医生运用发泄法，不仅仅是具体展现出抽象的见解，毕竟这种具体展现也只能达到发泄的目的。这种情况往往会被我们忽视。普通人是什么样的，医生就是什么样的。医生自然只对自己的专业领域有看法，但是谈到其行为，却会给某个人带来很深的影响。医生会做很多解释工作、教育工作，自己却毫无察觉，只因为他对上述情况并不了解，或者无法用恰当的名称称呼上述情况。还有很多分析人员同样借助发泄治疗法，做了很多相同的工作，不过没有对其进行概括总结，得出成体系的原理。

截止到现在，分析心理学这三个阶段还不能随意颠倒顺序。三种方法都与程序互为补充，且都属于同一个问题，是其中不同的组成部分。三种方法与忏悔不存在抵触关系，三种方法彼此之间的关系也一样。“转变”这第四个阶段同样如此。不应该把这个阶段当成最后阶段或永恒真理。为上一个阶段的缺陷做出弥补，才是其功能所在。其正好与多余的、尚未被满足的需求相契合。

截止到现在，人类的内心需求在其他阶段尚未得到其应有的地位。一定要先留意到这点，接下来才能阐述第四个阶段的原理和“转变”这个非同一般的名词。这意味着，我们一定要找到世人在适应社会之余，最希望得到什么。再没有比成为一个正常人更有实用价值、更恰如其分的事了。不过，“正常人”这个概念似乎在暗示，有能力适应社会，才能成为正常人。一般说来，能把这种限定视为进步的，仅限于那种发觉自己无力对平日的生活做出妥善处理的人。这种人因为患了神经症，无力再让生活正常维持下去。对缺乏适应社会的能力者而言，不成功人士的至高理想莫过于能够让生活“正常”。然而，对才能超过一般人、总是能做好个人工作的人而言，这种正常的生活只会让他们感到痛苦、乏味、绝望，与让他们在普罗克拉蒂斯的床上[①]躺一辈子没什么两样。所以，很多人仅仅是因为生活太平淡无奇，才患上了神经症。很多不能正常生活的病人，也是相同的情况。我们根本不可能引导这种病人变得正常，因为“不正常”生活才能满足他们的最大需求。

只有有所欠缺的人才会希望得到满足，或希望自己的心愿达成。他对已经得到的东西，必然缺乏兴趣。能够适应社会的人不会对适应社会的能力有任何兴趣。一早便掌握了工作技巧的人必然会对工作感到厌恶。蠢笨之人却与之相反，他们迫切希望能尽快取得少许成就。

不同的人有不同的需求。某种事物对这个人来说意味着自由，对那个人来说，却可能意味着阻碍。要解释这一点，只需借助正常和适应标准即可。尽管从生理学原理角度看，人过的是群居生活，人要保持身体健康，也必须过社会生活。但前文中提到的第一种案例却违背了该观点，更有甚者，还证实了人要身体健康，就必须过不正常的非社会生活。从实用心理学中，我们无法为其找到切实可行的秘方或标准，真是可惜。很多案例有着截然不同的需求和见解，让人无法找到可供参考的案例。所以，对医生来说，否定一切不够成熟的假设，才是最佳做法。这要求医生把适用某

---

① 普洛克拉蒂斯是希腊神话中一个强盗，他开了一家旅馆，里面只有一张床。他会把客人绑在床上，根据床的长度，对客人的身高进行调整。客人太高，他会将其腿砍掉一截；客人太矮，他会将其腿拉长。——译者注

个特定病例的假设全都当成假设性的，而不是要求医生抛开一切假设。

然而，教育病人或说服病人，并非医生工作的全部。医生应该告诉病人，自己对他这个特殊病例有何看法。世人多半都有扭曲真相的倾向，但在客观和职业治疗范畴内，医生和病人关系还是有很多主观因素。我们得承认，治疗这种工作的成果由医生和病人共同参与其中，互为补充。如若不然，我们就太主观了。治疗务必要具备这两项基本元素，也就是说每一方独立出来，都不具备固定意义，也不具备决定意义。要确定其意识范畴，可能并非难事。不过，其无意识世界依然非常广阔。所以，尽管我们不应该低估医生的想法和说法能产生的疗效，但是与之相比，医生和病人的性格往往对疗效有更大的影响。两种化学物质相遇会有什么结果，两种性格相遇便会有什么结果。双方发生的反应必然会改变其中任何一方。除非病人也能影响医生，否则医生能影响病人，能为其提供卓有成效的心理治疗，就是不可能的，而反过来才是我们应该期许的结果。不能被影响的人，也不能影响别人，这是必然的。医生不用逃避病人对自己的影响，也不用假装一本正经，这些都很多余。采取这种做法的医生相当于自动放弃良机，无法再获得珍贵的材料。其实，他正在被病人影响，他自己却毫无察觉。不少心理医生都知道，因为病人，医生的无意识出现了很多改变。除了这一行的人，没人会因病人“化学性质”方面的影响遭受损害。“移情现象”引发的“反移情”，是其中知名度最高的。不过，这种现象引发了相当难以捉摸的结果，究其性质，与传统的驱魔治疗法没有区别。病人以这个原理为依据，将自己身上的病菌转移给了健康之人，后者在为病人实施治疗期间，不可避免会遭受损失，但他还是把疾病赶走了。

我们从医生和病人的关系中找到了让人难以置信的因素，推动双方实现转变。更加冷静、坚强的那一方，通常会主宰这个相互转变的过程和结果。我本人遇到过很多病人，他们以比医生更强烈的态度，反驳相关的理论和医生的观点。这种情况多半对医生没有好处，不过也可能出现例外。彼此影响，再加上双方的种种特质，便是彼此转变这个阶段的实质。单靠二十五年的工作经验，还不足以查清其真实状况。关于这一点的重要性，弗洛伊德也持认同态度。这就是为什么当我提议分析人员也要接受别人的分析时，弗洛伊德也非常赞同。

不过，我为什么要提出这种提议？我的意思是医生“也要接受分析”，与病人没有区别。在心理治疗期间，医生是主角，且要与病人彼此影响，在这方面，医生同样与病人没有区别。医生若对这种影响持抗拒态度，那无论这种态度强烈与否，医生都无法再影响病人。若医生虽然被病人影响，但其本人对此毫无察觉，那医生必然会暴露出一项意识的不足，不能对病人的病情做出正确的判断。在以上两种情况下，都只能取得远不及预期的疗效。

所以，我们对医生提出了这样的要求，病人需要接受什么，医生也需要接受什么。医生在要求病人适应社会之前，自己先要做到这一点。若医生做不到，病人也不可能做到。这类要求在治疗方法中要根据病症的差异，展现不同的方面。战胜了自己的幼稚症，医生才能去治疗别人的幼稚症。让自己的情感不再受到压制，医生才能让病人的情感不再受到压制。自己先进入高度意识，医生才能让病人建立起足够的意识。总之，医生要坚持做到自己对病人的要求，才有可能适当影响病人。治疗期间，医生遇到的上述所有重要道德责任都可总结为“以身作则”。一般说来，只靠交谈并不能发挥任何作用。要想长时间摆脱这项规则的约束是不可能的，就算使尽浑身解数也是一样。自己要首先对此深信不疑，而不仅是尽量让其他人相信，这点是重中之重。

因此，除了让病人转变外，分析心理学的第四个阶段还要求医生也要接受这种治疗的方法。医生在解决病人的问题时，表现得相当坚毅、统一、强大，在解决自己的问题时，也应该有相同的表现。不过，医生很难集中所有精力，解决自己的问题。毕竟，在把自己错误的方法、结论、观点，向病人表述出来的同时，医生也应该展现出自己应该具备的专注与批判。医生的自我反省往往会被人无视。此外，一般说来，人们对自身的兴趣都不算浓厚。人们还常把自省或对自己的关注当成病态的，原因在于，大家低估了人类内心的价值。很明显大家经常会对自身产生这样的误会，把自身当成病房，觉得其中到处都是病态的元素。而医生一定要有战胜这种抵触情绪的能力，毕竟医生要教育其他人，自身要先接受训练。让在黑暗中摸不清路的人去为别人指路，怎么可能呢?

让自身不干净的人去清洁别人，又怎么可能呢？

医生要在彼此转变这个阶段，从教育别人向教育自己迈进。而病人往往需要先改变自己，到达此前的那个阶段。如此一来，医生也需要为迎接病人改变自己带来的挑战，对自己做出改变。可是因为以下三种原因，只有少数人赞同这种观点：第一，这好像是种不现实的要求；第二，其源头是一种成见，即关怀自己是没有必要的；第三，我们自己很难达到我们对病人提出的要求。医生为自己做诊断之所以没能广泛推广开来，主要是因为最后一点。因为在为自己做诊断的过程中，医生若能做到真正的负责，那用不了多久，他就会在自己的天性中发现很多不正常、不能通过详细的解释说清楚的成分。面对这些成分，他应该采取何种做法？他做好了自己应做的工作，即清楚了解了病人的情况。可是他本人的情况，或是与他关联紧密的情况，老实说，他又该如何处置？他若是做了自我批评，必然会意识到自己有很多不足，会让自己在面对病人时尊严受损。对此，他该怎么处理？无论他觉得自己多正常，都会觉得这个多少牵涉到“神经症”的问题相当棘手。而用治疗法解决病人和自己遭遇的这种问题，是不可能的，这点他也将意识到。他会让病人明白，对其他人帮助自己解决问题的期许，将滞留于童年阶段，再也不会前进。他本人也将明白，这些问题若没有办法得到解决，唯一的结果就是继续遭到潜抑。

由于心灵遇到的难题还有很多，在研究这些难题期间，我们没时间去理会自我批评等很多相关问题，因此，我无意对这些问题展开深层次的探讨。与之相比，我更愿意强调分析心理学最新的发现成果，即了解起来颇具难度的人性相关元素；更愿意强调治疗过程中，医生的性格同样会成为助力或阻碍；更愿意强调我们已对医生提出要求，让其改变自我，即让教育人员对自己进行教育。这些上文都曾做过探讨。医生应该经历病人经历过的一切，医生若不希望自己的性格对病人造成恶劣影响，就要亲自走过倾诉、解释、教育这三个阶段。通过解决别人的难题，避开自己的难题，对医生来说是不可能的。医生自己生了脓疮，就不能去给病人做外科手术，这点不应忘记。

弗洛伊德学派在无意识的阴暗面这一发现的逼迫下，去解决宗教问题。同样的，医生也在分析心理学的最新成果逼迫下，去改变自己的道德态度。因为医生有批判自我的这项要求，使得我们对人类内心的看法发生了巨大的改变。但要站在自然科学的角度理解这种情况，是不可能的。病人和医生、客体和主体、大脑和意识，这多重身份都集于一身。

当前，从**医学治疗法到教育自我法**的转变，极大地拓宽了心理学的范畴。重点从医学学位变成了人类实质，这种提升相当关键。当前，我们可以利用临床试验心理治疗法的发展、改进、归纳所产生的所有系统化工具来教育自己，完善自己。分析心理学的约束已不复存在，跳出了医生诊疗室的范围。可以说，其超越自身，发展到了能丰富空洞内心的程度，这种空洞至今仍存在于西方文明之中，是与东方文明对比的结果。我们西方人已经了解到，要驯服内心，可采用什么方法。不过，我们并不清楚这种方法的发展过程，以及其有何功能。我们的文明还很年轻，所以要驯化我们内心无法掌控的野蛮因素，就要借助驯兽师的所有技巧。可是，在我们的文明程度达到比较高的层次后，就应用自我改善法取代强制法。这要求我们对相应的方法有所了解，但我们直到现在还对其毫无了解。由于心理治疗法在医生进行完善自我期间，不再只是针对病人的治疗法，不再受临床约束，因此我觉得不管怎么样，用分析心理学的全部经验来为上述工作奠定基础，都是可行的。心理治疗法现在对健康人士也是有利的，至少能造福有资格拥有健康心灵之人，造福身患人类共同疾病之人。这就是为什么我们期待对分析心理学的应用，与其在初始阶段的几种方法相比，能达到更高的普及程度。然而，有一条鸿沟横在这个期望变成现实和当前的现实中间，迈不过去。我们要在上面建一座桥，就要循序渐进地往上垒石头。

第

9

章

分析心理学的基本假设

我曾听很多病人大叫：“真希望我能早点搞清楚我的人生有意义，有目的，这样我就不会得这种心理疾病了。”由于这种人已经不能从外部环境得到任何人生意义，因此，贫穷还是富有，有没有建立家庭，社会地位是高是低，都不会对他们产生任何影响。这种人需要所谓心理生活，而大学、图书馆乃至教堂，都不能给予他这种生活，这才是关键所在。他所能得到的事物无法感染他的心灵，只能填充他的脑子，所以他接纳不了这些事物。

中古时代和希腊罗马世界的人普遍相信，灵魂是种实体。其实很久以前，人类就有了这种念头，但直到19世纪后半期“无灵魂心理学”才发展起来。**所有不能用眼睛看到或是用手触摸到的事物，都在科学唯物主义的作用下，变成了质疑的对象。**甚至，这些事物还会受到嘲讽，因为其被判定为牵涉到形而上学。一种事物若不想被判定为非科学的或虚假的，就必须能用感官感知，或能找到其中的因果关联。由于变化之路一早已经修好，因此，这种见解方面的剧烈变化并非以哲学唯物论为源头。中世纪极力追求心灵的进步，受到地域的限制，并有着狭隘的世界观，宗教改革中的精神改革宣告了中世纪的完结。随后，当代的水平观念立即开始与欧洲的垂直观念相抗衡。从这以后，意识停止攀升，转而拓宽视野，加深人们对地球的了解。在这个时代，探寻无处不在，并借助更多的经验拓展人们的思想。将物质视为唯一的实体，这种见解不断压倒将精神视为实体的见解。四个多世纪过后，欧洲很多重要的思想家和研究者最近终于断定，心理完全依赖物质，被物质的因果律掌控。

将这种剧烈变化完全归因于哲学或自然科学，自然无法让我们感到满足。这种观点缺乏理性，让不少见多识广、思想独立的哲学家、科学家难以接受，乃至直接提出抗议。不过，少有拥趸的他们并没有强大的力量抵挡大家将绝对重要性赐予物质世界的非理性，乃至全凭感情冲动处理问题的信念。由于普通的推理根本无法证实或是推翻精神和物质的存在，因此，不要误会是理性和推理引发了上述见解方面的剧烈变化。当前，所有有头脑的人都明白，这些概念仅仅象征着未知且未经过研究，通常说来，这种象征的肯定与否定，要么以人们的情绪和性格为依据确定，要么被时代的精神掌控。具备思考能力的有学识之人相信，心理是一种很复杂的生理化学现象，其实质不过是一种电子活动，或与之相反，相信不可捉摸的电子活动展现了自己的内部精神生活，这些都是我们阻止不了的。

19 世纪，精神哲学被物质哲学取而代之。若从智力问题角度看，这种转变不过相当于变了个小魔术，但其在心理学思想角度，却相当于人类对世界的思想进行了一次前所未有的大规模改革。精神的世界转变为真实的世界，经验的范畴变为了这样一个国家：人们在其中探讨种种问题，挑选种种目的，乃至反复斟酌所谓的“意义”。无法触摸的心灵活动好像已经被迫让位，由能够触摸的外部事物占据了自己的位置。无论何种事物，只要没有所谓的事实作为基础，就没有价值。甚至对思想简单的人来说，这点是成立的。

其实，在处理这种没有理性的思想变化时，将其视为哲学问题，不会有任何帮助。对我们来说，最佳做法是避免这么做。因为我们若相信心理现象源自某种腺体的活动，自然能从现代人那里得到感激和支持。可是我们若反过来，用创造世界精神的放射物质来解释太阳的原子分裂，就一定会遭到嘲讽，被说成不切实际的读书人。可在逻辑、妄想、武断、象征方面，以上两种见解不分伯仲。从认识论角度看，可以通过人类推导动物，也可以通过动物推导人类。不过，达科教授为了与时代精神对抗，在学术研究中经受了何种惨痛的挫败，大家都很清楚，不能小看这个问题。这个问题是种宗教信仰问题，其甚至跟理性一点关联都没有。可是它却被当成所有真理的规则和人们眼中的常识，这便是对它的含义的展现。

只依靠人类的理性过程，无法领会时代的精神。这是种倾向，作用于内心相对软弱之人的情绪倾向，通过无意识这种中介做出暗示，其效果让人惊讶。从某种意义上说，拒绝顺应时代思想发展趋势的人不符合法律规定，会让人心生厌恶，这种人甚至还会得到龌龊、变态、亵渎这些评价，所以其危害社会的可能性很大。它违背了时代的发展趋势，这是种愚蠢的举动。我们无法否定上帝或精神创造了一切的观点，这是先前做出的假设。到了19世纪，我们又发现所有事物都会遵循自己在物质方面的因果关联，这一真理同样确凿无疑。精神现在不会创造肉身，物质却会以化学原理为依据，创造精神。这原本必然会被批判为荒诞的说法，但其作为时代精神的特色，却不用遭此批判。由于这是所有人的共同想法，因此，其堪称高贵、理性、科学、正常。应该把精神当成物质的附庸，就算我们用“灵魂”取代“心灵”这个词语，也能得到相同的结论。同理，也可以用头脑、荷尔蒙、本能、精力取代物质。不过，认为灵魂或心灵是实体，却属于邪说，因为如此一来，就会严重违背时代精神。

人类的祖先假设人是有灵魂的，灵魂是有神性、永存的实体，内部包含一种本能，可以创造肉身，能够维系生命，治疗疾病，并能彻底脱离肉身，仅靠自己的力量生存下来。人类的祖先还相信，灵魂在与一些看不到的魂魄往来，有个精神世界存在于人类的经验范畴以外，在现实世界找不到其源头，灵魂却能从其内部得到精神的相关知识。时至今日，我们已经发现了这些情况。不过，这些假设全都不合情理。可在尚未攀升至这种意识境界的人看来，以下几点都是荒诞不经、没有依据的猜想：物质能够产生精神，无尾猿能进化成人，康德经过饥饿、爱情、权力等动力的作用，就能写出自己的大作《纯粹理性批判》，从脑细胞中就能诞生思想，诸如此类。

这种无所不能的“事物”，究竟是什么东西或是什么人？它是人类脑海中另外一幅上帝无所不能的图画，是让神明与人类有相同外形的外套脱掉后，产生的另一种常见的思想，看上去好像能被所有人了解，仅此而已。意识的视野和范畴现在都已得到大规模拓展，但其范畴的拓展不涉及时间，只涉及空间，否则我们必然能对历史有更加真实的见解。如果我们的意识具有历史连续性，而不是被限制在今天以内，我们就会领悟到与希腊哲学的神道变动类似的原理，那么针对当前的哲学假设，我们就可能有批判力度更强的见解。不过，这是不可能的，因为时代的精神给我们制造了巨大的障碍。有时候，我们可能会援引一些经典，比如说“这个原理亚里士多德那时候就已了解了”，但这仅仅是为了增强自己的说服力。我们在这种情况下，应该问问自己，作为一种匪夷所思的力量，时代精神的源头是什么？必然是一种极其重要的精神存在现象。简而言之，这是一种成见，难以动摇，要找到这种精神问题的根源，必须进行恰当的讨论。

如前文中所言，在此前的四百年间，希望从物理角度出发，为所有精神冲动做出解释，刚好与意识的发展水平相适应，这种水平的见解就是在抗议哥特时代那种极致的垂直见解。这属于大众心理的表象，在对其进行处理时，不能将其视为个人意识。我们就像原始人，起初完全没有意识到自己的行动，过去很长时间以后，我们才能意识到自己这样做的原因。我们用“合理化”方法解释所有行动，因此感到满足，可到了最后，我们却发现这些都只是托词，其本身并不合理。

我们若能感知到时代精神，就能明白为什么我们迫切想要从物理的角度，为所有事物做出解释。因为现在已经有太多的案例，是以精神为依据做出解释的。我们会立即据此谴责我们的成见，表示在另外一个方面，我们犯下这种大错的可能性也很大。我们觉得相对于“形而上学”精神，我们对“物质”有更多的了解，所以，过高估计了物理因果律的价值，认为只凭借这一点，已经完全能够对生命的秘密做出解释，而这不过是种骗局。精神很神秘，物质也是一样。我们本来一点都不了解最终的真相，要让我们的智慧恢复平衡，必须先承认这一点。这不意味着我们要否定心理活动与大脑构造、所有腺体、整个身体都关联紧密。大多数意识的内容取决于我们的感官认知能力，对此我们毫不怀疑。借助遗传，肉身的实质和心理的性质都悄悄出现在我们身上，我们非常吃惊那些本能在阻挠、推动或是纠正我们的智慧才能，这些都让我们无法忽视。我们其实应该承认，无论从哪种角度看，人类心理首先都是对一种有形的、经验的、当前的事物做出的直接反应，原因、目标、意义就是如此。随后，我们更应该问问自己，归根究底，心理是不是只是种要绝对依附肉身的次生表象，某种附庸现象。我们以理智之人和自以为在现实中实事求是之人的身份，对该观点予以肯定。我们质疑的是“物质”无所不能这个推论，在此驱使下，以批判的态度对科学推论在人类心理中的应用正确与否，展开了研究。

近期，有人抗议这种做法相当于把心理活动贬低为腺体活动，认为思想不过是大脑分泌出来的东西，我们将由此得到一种并不包含心理的心理学。若相信这种说法，就要承认心理仅仅是物理作用的体现，其本身虚无缥缈，并不存在。可是毋庸置疑，这些作用是有意识的，如若不然，就根本谈不上心理，也谈不上我们。所以，心理活动必须要有意识，也就是心理，“不涉及心理的现代心理学研究”，就是对无意识心理生活的无视。

现代心理学存在很多种，但在我们的印象中，数学、地质学、动物学、生物学等都只有一种，因此现代心理学这种情况相当怪异。美国有所大学在此基础上，出版了一本名为《1930年的心理学》的书。哲学也有很多种，在我看来，心理学的种类可以与哲学匹敌。哲学和心理学的题材彼此关联，难以切分，所以我才会谈到上述观点。**心理学的题材是心理，哲学的题材简单说来就是宇宙。**心理学直到近期还是哲学一个独特的分支，但心理学逐渐占据了优势，这正符合尼采帮我们做出的预测。甚至心理学还可能吞并哲学。这两种学科研究的题材都不能只依靠经验了解，这便是其内部的相似之处。两种学科的学术研究都提倡思考，却引发了不同的观点，混乱不堪，搜罗各个学派的观点的书册因此变得更厚了。若少了其中任何一个学科，另外那个学科都不能单独存在，且二者都会向对方提供基本假设，假设很含蓄乃至无意识。

之前提到，现在从物理的角度出发进行解释，造就了一种不包含心理的心理学，即这样一种观点，只将心理视为生物化学反应的结果，这就是我的意见。世间并没有当代的、科学的、从心理角度进行研究的心理学。现在没有人有勇气试着做出这样的心理假设：其是独立存在的，不会被肉身约束。精神自在、自为的观点已经过时了，这种灵魂观点拥有自主的世界体系，必须先建立这种基本的假设，然后才能确定自在灵魂个体的存在。不过，有一点我务必要谈一谈，1914年，伦敦贝德福德学院召开了亚里士多德学会、精神学会、英国心理学会联席会议，我参加了这场会议，与会者在其中一次座谈会上谈及个人精神是否在上帝心中这一问题。由于这几个学会的所有会员都是英国本土相当优秀的人士，因此，所有质疑这几个学会的科学立场的英国人都会被评价为思想有失妥当。在所有观众之中，可能只有我认为他们的讨论好像回到了 13 世纪，并为此大吃一惊。这表明欧洲依然有人相信自主心理的存在，说这种看法已变成了中古时代遗留的化石，是不成立的。

我们或许能在这种观点的基础上，大胆表示可能会出现有心理的心理学，即以自主心理这种假设为基础的研究科学。因为心理假设与物质假设都属于想象，所以不用吃惊这种研究工作得不到大家的喜爱。我们完全不了解精神怎样以物理元素为源头，但精神活动是真实的，这点我们又无法否认，在这种前提下，我们自然能站在另外一个角度，假设心理源自这样一种精神原理，其与物质一样难以理解。由于“现代”会否认这种可能，因此这其实并非现代心理学。这种假设是我们的祖先提出的，所以我们只能以祖先的教义作为参考，无论其好不好。古代人将精神视为身体的生命和呼吸，这种生命力在问世之际或观点成型后，有了属于自己的身体，等到呼吸停止后，它便会与身体分离。人们认为，精神这种存在无法扩展，它没有时间性，将恒久存在，因为在身体产生前、消失后，精神都能存在。这种观点从现代科学心理学角度看，自然完全属于想象。不过，我们并不是在玩弄花招，这种观点也并非现代出现的，因此，我们在研究这种诞生已久的观点时，会尽可能保持公正，同时为它的经验是否正确做出验证。

我们经常能从世人对自身经验的称呼中，得到很多启示。德语单词seele(灵魂)的源头是什么？seele与英语单词soul(灵魂)类似，其源头是与希腊语单词 aialos 相关的哥特语单词 saiwala 和古德语单词 saiwalo。希腊语单词 psyche（灵魂）还有一种意思，就是蝴蝶。saiwalo 还与斯拉夫文单词 sila（力量）存在关联。seele 的本来意思因这些关联得以明确，就是动力或生命力。

在拉丁语中，animus 是精神的意思，anima 是灵魂的意思，相当于希腊语中的 anemos，它是风的意思。希腊语中还有一个单词 pneuma，同样兼具风和精神两种意思。我们发现哥特语中的 us-anan 是呼吸的意思，拉丁语中的 an-helare 也有相同的意思。高地德语中的 spiritus sanctus 是呼吸的意思，可翻译成 atun。阿拉伯语中的 rih 是风的意思，ruch 是灵魂的意思。与之相似的关系，也存在于希腊语单词 psyche 身上，它与以下单词都有关系：psycho、psychos、psychros、phusa，分别表示呼吸、凉的、冷的、吹动。上述关系为以下结论提供了充足的证据：拉丁语、希腊语、阿拉伯语等语言中表示灵魂的单词，全都与“精神冷冷的呼吸”这种空气流动相关。原始人将无形的生命赐予灵魂，就是基于这个原因。

呼吸象征着生命，那呼吸很明显就成了生命、活动、动力。原始人还有一种观点，温暖同样象征着生命，所以灵魂就成了火。

还有一种原始观念，虽然怪异，但还算普遍，即把名字视为灵魂，一个人的名字就是他的灵魂，由此发展出一种风俗，为了让刚出生的婴儿得到先人的灵魂，便以先人的名字为婴儿命名。我们由此能推导出，为什么自我意识会被当成灵魂的体现。还有一种情况十分常见，灵魂和影子被视为相同的东西，所以踩到别人的影子，会被视为对别人的极大羞辱。而南半球的人相信，中午时分，影子不断缩小，说明鬼魂危在旦夕，即将性命不保，也是同样的道理。这类与影子相关的观点，类似于希腊人所谓的“身后跟随之人”。希腊人通过这种方式，展现出这样一种感觉，即生命体无法被触碰，这与以下信仰达成了统一：把死去之人的灵魂当成影子。

用上述案例解释原始人对心理有何见解，或许是可行的。原始人把心理视为生命的源头和原始动力，客观真实的存在，与灵魂很相似。所以，原始人明白与灵魂交流，应采取何种方式。这是他内部的声音，而非他自己或他的意识。原始人眼中的心理是客观、自主、独立生存的，而不是所有主观的、被意志操纵的对象的代表。

由于无论原始人还是文明人，都能看到心理活动的客观性，所以上述观点从经验方面说是公正的。从广义上说，心理活动可以不受我们的意识操纵。比如，抑制过多的感情，把情绪从好变坏，想做什么梦就做什么梦，这些我们都做不到。再有头脑、再有毅力的人，也还是要面对烦恼。我们经常因为记忆制造的混乱而惊讶，不知该如何是好，脑子里随时可能产生一些古怪的念头，自己根本预想不到。我们都喜欢卖弄，所以觉得房子归自己所有。其实我们极其倚赖对无意识心理做出的恰当调节，并对其满怀信任，觉得它会一直忠于我们。在对神经症病人的心理过程进行研究过后，我们必然会觉得心理学家把心理和意识同等看待，简直太滑稽了。健康之人有着怎样的心理过程，神经症病人就有着怎样的心理过程，这点众所周知。既然这样，现在还有谁有胆量说自己并未患神经症？

因此，我们的最佳做法是认同把灵魂当成客观存在的观点，这种历史悠久的观点认为，灵魂独立，不确定，并能带来威胁。更进一步，将这种神秘、恐怖的实体视为生命的源头，这种观点从心理学角度说也是能够理解的。所谓的“我”，也就是自我意识，来自无意识，这是我们从经验中得到的认知。童年的早期阶段不会在记忆中留下什么印迹，因为孩子年纪太小，心理生活中连一点显著的自我意识都没有。不过，我们所有的智慧光芒的源头在哪里？我们的热情、灵感和对生命的高度感情，源头又在哪里？原始人对生命之源的感受，始于灵魂深处，其对灵魂的生命掌控力印象很深，所以无论何种事物，只要能作用于灵魂，比如各种形式的巫术，原始人都会毫不怀疑。这解释了为何灵魂对他们来说，就是生命本身。他们觉得自己不管在哪个领域都要依靠灵魂，从没想过能够自行操纵灵魂。

不管对我们来说，灵魂永存的观点有多荒诞，但对原始人来说，那都很寻常。灵魂终究不是普通的东西，灵魂是唯一不占据空间的存在。我们自然能够确定，自己的思想都存在于自己的脑子里。可感受却好像存在于我们内心，我们对于感受充满了不确定性。至于知觉，则遍布我们浑身上下。我们相信大脑是思想的源头，但美国西南地区的印第安人却认为，所有理智之人都明白，心才是人类思考的器官，美国人简直疯了，才会相信大脑是思想的源头。还有一些黑人部落相信，自己的心理功能源自肚子，而不是大脑或心脏。

心理功能的位置仍存有争议，除此之外，还有一个问题难以解决。心理的内容通常都不具备空间，只有某种独特的知觉范畴是例外。所以谈到思想的体积，应该将其形容为大的，长的，薄的，沉重的，流动的，笔直的，圆圆的，还是其他？只有以存在的思想为依据，才能展现出这种不占据空间的第四维的存在。

直接否定心理的存在能大大简化这个问题，但我们当前掌握着一种直接经验：在我们的三维空间实体中，生长着一种兼具重量、长度，能够想象的东西，这种东西能反映这种实体，即使从各个角度和部分看，二者都迥然不同。我们可以把心理当成数学上的一个点和恒星宇宙。一些愚昧之人将这种矛盾视为近乎神圣之物，原因就在于此。不占据空间，心理当然就不会具备形体。形体会死亡，那没有形体的东西也会不复存在吗？可在我学会说“我”之前，心理和生命已经存在了。我们若能观察一下别人或是自己做的梦，就能发现在睡觉期间或无意识等情况下，这个“我”不复存在，但生命和心理却继续存在。有了这些经验，思想简单之人为何还要否定“灵魂”在形体的范畴以外存活？这种迷信其实并不荒诞，在这方面，它与对遗传或是本能的研究结果没有区别，这点我要承认。

原始文化中的人总是把梦和想象视为知识源头，如果我们对此还有印象，再理解过去心理被当成程度较高甚至神圣的知识的源头，就没什么难度了。不过，无意识确实包括强大乃至让人惊讶的洞察力。原始社会认为梦和想象是重要的知识源头，就是基于对该情况的确认。印度、中国等永世传承的了不起的文明，就是在这种基础上发展形成了一个原则系统“自己创造知识”，其无论在哲理还是实践方面，都成绩斐然。

西方理性主义质疑，将无意识心理推崇到知识源头的高度是种欺骗，实际并非如此。尽管我们有种倾向，假设所有知识从根源上说都是从外界获得的，但我们现在都非常清楚，如果无意识内容可以转化成意识内容，那我们的知识将大大增加。当前对昆虫等动物本能的研究成果，积累了相当多的经验，甚至还证实人类可以比现在更加聪明，前提是在行动时要完全模仿昆虫。我们自然证实不了，昆虫是有意识知识的。不过，我们能以普通的常识为依据，判定是昆虫的心理功能造就了其行为模式。由于所有孩子在拥有意识之前，已经具备了隐藏的系统，能够接收心理的功能，因此，人类的无意识也具备所有来自先人遗传的生活方式和行动。这种无意识、本能的功能，也将在成年人的意识生活中恒久存在，不断活动。为意识心理的所有功能做准备，便是这些活动最重要的目的。与意识心理一样，无意识心理也有洞悉力、目的、本能，能够感受并思考。我们从精神病理学和梦的过程的研究中，发现了很多证据。心理意识和无意识功能的根本差异只有一点。通常说来，意识都相当强烈、集中，有自己的过程，意识的方向都不会超出当前需要留意的范畴。意识不过是能代表个人数十年经验的素材，很多“记忆”都是间接的，以印刷物作为自己最重要的源头。无意识却与之截然不同，很不清晰，谈不上集中和强烈，其中包含多种元素，这些元素彼此之间都矛盾重重。无意识包含了很多高明的见解，数都数不清，还积攒了人们世代遗传的因素，连不同种族的差异，其都能掩饰。如果将无意识比喻成人，那它就是一个综合人，兼具男性和女性的特征，凌驾于青年和老年、生存和死亡之上，它甚至掌握着人类一两百万年来的经验，永远不会消失。这种人必然已经超越了变化，对他来说，现代与耶稣降生之前的一百个世纪没有任何差异。这种人会做那种有着悠久历史的梦，会凭借自己丰富的经验变成预言家，全世界没有一位预言家能与他相比。他的寿命会比个人、家族、部落、全人类更长，从成长、花开、花落中，他所得到的感受必然很鲜活。

可这是一个梦，这很不幸，或者说很幸运。至少在我们看来，就其内容来说，出现在梦中的集体无意识好像是没有意识的。不过，就像昆虫不能确定真相，我们也无法确定这点是否成立。除此之外，集体无意识好像一条河，永远不会停止流动，又好像大批形象和人，要么在我们的梦里出现，要么在反常的心理状态下进入意识界。要说集体无意识好像单个人，是无法成立的。

以想象来称呼这种无意识心理的大规模经验系统，相当匪夷所思，毕竟该系统已经囊括了有形、能触碰的肉身。其本身还带着原始进化留下的清晰的印迹，作为一个整体，其兼具目的和功能，否则何谈我们的生存？比较解剖学、生理学不会被任何人评价为荒诞的学科，所以我们也断然不会否认集体无意识是一门学科，一座宝藏，颇具研究价值，不会批判集体无意识是种奇思异想。

对我们来说，心理从外部看来，完全是外部事物的展现，是起因和源头。我们同样相信，要了解无意识，只能以外部和意识为切入点，否则根本不可能。弗洛伊德就选择了这样的切入点，这点众所周知。在这种情况下，努力要想取得成果，无意识和个人意识缺一不可。可无意识其实是一早就已出现的潜在心理功能系统，在人类历史上流传至今，意识则是后来产生的，其源头就是无意识。我们若不想做得太离谱，就不能从后人的角度出发，为先人的生活做出阐释。我还认为，把意识当成无意识的母体，同样不成立，反方向思考能拉近我们与真理的距离。

但这种观点是属于从前的，从前，人们都认为个人灵魂的存在，依附于一个精神世界体系。这些人都很清楚个人意识门槛下隐藏的珍贵的经验，有上述看法也很正常。他们在此前的数百年间，创造了一个与精神世界体系相关的假设，坚信该体系是一个实体乃至一个人，本身拥有意志和意识，他们以上帝，也就是实体的精粹，来称呼这种存在。它对他们来说，是最真实的存在，最原始的动力（首要原因），仅有的一个能帮他们认识灵魂的中介。从心理学角度看，该假设是有依据的，毕竟称以下存在和经验为神明是理所应当的：这种存在近乎永恒，这种经验相较于人类的经验，同样近乎恒久的存在。

我们已经逐一点明了这样一种心理学或许会遭遇的问题：这种心理学不从物理角度出发，为一切事物做出解释，反而求助于上帝，以此作为最重要的原理，而不是求助于物质、数目或任意一种能量状态。在这种前提下，我们可能会在现代哲学的作用下，将这种能量或朝气称为上帝，把精神和自然融为一体。可是我们不会遭遇什么大麻烦，除非我们超出了这种想象哲学的范畴。但我们若不想面临巨大的困难，就不能把上述观点运用到低级的实用心理学范畴内，以及能从平时的言谈举止中有所收获的心理学解释中。我们无意创立一种心理学和解释方法，只为满足学术领域的喜好。我们想要创立的是实用心理学，其成果直接就能看到，能对病人发挥治疗效果。我们在心理治疗方法的运用过程中，极力想让所有人的生活回到正轨。我们不会单凭自己的意愿，创立一种理论，它不仅跟病人一点关系也没有，还有可能给病人造成伤害。一个危险至极的问题，就这样出现了：我们的解释是建立在物质基础上，还是建立在精神基础上？从自然律角度看，所有精神都是想象的产物，所有为灵魂的存在提供证据的观点，都是对一些能够看见的物理真相的背离或是否认，这些不能忘记。我若只承认自然律有其价值，且以物理原则为依据，为所有事物做出解释，就必然会对病人的精神发展造成贬抑、阻挠、破坏。我若坚持采用某种心理解释方法，便会对个人作为物理存在是否正当造成误会，带来伤害。这种错误会导致更多的病人在接受心理治疗期间自杀。我没办法搞清楚能量是神明、神明是能量这两点究竟哪点成立，因此我对这个问题并不在意，但我的职责却要求我对此做出恰如其分的心理学解释。

现代心理学家在这二者之间左顾右盼，觉得它们都是正确的，而不是从中选一个出来，这其实犯下了大错。浅薄的机会主义从他们的这一立场中找到了出路，也是顺理成章的。毋庸置疑，这属于对立统一的危险，在学术领域相对放纵。两种彼此矛盾的假设却被人认为价值相等，自然会引发很多不定论，混乱不堪。反过来，一种再清晰不过的解释原理，其优点将赢得我们的喜爱。我们将从中得到一种立场，能从理论上提供证据。我们将遇到一个相当难以解决的问题。我们本应求助一种以事实为基础的解释原理，但同时坚守物理存在的实体性和精神的重要性，对现代心理学家来说是不可能的。而物理解释法是真实存在的，不容忽视，只凸显精神的重要性，同样不可行。

为了解决这个难题，我想到了这样一种方法。自然和心理的矛盾，反映了人类内心的矛盾。当它揭露物质和精神之间的矛盾时，我们还不知道心理生活的实质是什么。据我们了解，如果我们心急想在自己尚未搞清楚或还没办法搞清楚一种事物之际，大谈自己的观点，那老实说，自相矛盾是免不了的，为应付这种困难，我们会把这种事物分成两半，彼此对立，以补上自己观点中的漏洞。归根究底，精神和物质在生活中的矛盾，只表明，心理让人感到难以理解。我们只有一种经验与自己密切相关，就是心灵活动，这是毋庸置疑的。我经历过的全都属于心理经验，就算是身体遭受的折磨，同样属于心理事件，可划归到经验的范畴中。感官印象会在我们的脑子里展现出这样一个世界，其中到处都是模糊的事物，它们共同占据了空间。尽管如此，感观印象还是属于心理状况，在我们的意识界中，它们与我们的关系最为密切，所以它们就成了与我们最密切相关的经验。我们的心灵甚至会改写真相，制造虚假的真相。这时，我为了确定我看到的是不是真相，就需要借助人为的力量。我能了解音调是空气振动的频率，颜色是不同波长的光波，就是借助这一途径。我们看不见外部事物真实的性质，只因为我们周围全都是心理现象。心理是最实在的，因为它作用于我们所有的知识，与我们的关联也最为密切。心理实体即心理学家利用的实体。

若我们更深入地研究该观点，就会发现部分心理内容或心理形象似乎来自外部环境，它们在这方面跟我们的身体没有区别，还有一部分的心理源头却与外部环境截然不同。我想说出自己想买的车是什么样的，想试着想象亡父的灵魂是什么情况，这两种活动都是心理实体，至于前者是外部现实，后者是我脑子里的想法，对此并无影响。第一种心理活动关系到物理世界，第二种心理活动关系到精神世界，是双方仅有的区别。我若能承认所有心理活动都是真实的，由此改变自己对实体的观点——这正是这种观点仅有的作用——那我就能化解物质与精神这两种解释原理的矛盾，而我在意识界中任何内容的源头，都能用这两种原理解释。我不会质疑烧伤我的火是否真实存在，但我若满怀恐惧，觉得鬼就要来了，那我就会确定这不过是想象而已。可火是种精神形象，受物理作用，直到现在，人们依旧不了解其实质。而我害怕的鬼也是一样，其作为一种精神形象，以思想为源头，其实质不为人所知。由于我对鬼的畏惧、被烧伤的疼痛都真实存在，因此无论鬼还是火都是实在的。我基于什么心理作用害怕鬼，我完全不清楚，一如人类完全不清楚物质的性质极限是什么。我在解释害怕鬼这种心理现象时，只想到了借助心理作用原理这一种方法，就像我在探究火的性质时，同样只想到了利用化学、物理原理这一种方法。

自己亲身体会的经验全都受心理作用的影响。心理事实是与自身关联最为密切的实体，它解释了原始人将鬼现身和神奇的力量与外部事件并列的原因。原始人没有撕裂自己纯真的经验，将其变成彼此对立的两部分。精神和物质在他的心理世界中继续混杂，他的诸位神明继续在森林、原野中散步。他继续沉浸在心理世界的梦中，没有像那些刚刚开始顿悟的人一样，被迫直面现实，因此要承受痛苦，他就与缺乏社会经验的孩童一样。西方人在原始世界分裂为精神、自然这两部分之后，对自然充满敬畏，这属于对自然的信仰，可是将其精神化的过程却会遭遇巨大的阻碍，受尽折磨。东方人则刚好相反，直到现在，他们还沉浸在亚细亚的肮脏与贫穷的梦中，因为他们的精神是主体，物质却成了想象。东方人与西方人无法撕裂人类，将其变成两部分，毕竟只存在一个地球和一种人类。心理的实体很完整，它期待人类能进化到这样一种意识的程度：承认这两部分共同构成了一个心理，不会否定其中一部分，只将另外一部分视为自己的信仰。

尽管现在依然少有人了解心理实体，但这种观点却能称得上现代心理学最关键的成果之一。我相信终有一日，这种观点会被大家广泛接受。由于只有这种观点能让人们透彻解释心理现象的各种多样性和特殊性，因此，其一定要被人们广泛接受才行。我们若缺少了这种观点，再解释心理经验时，便不可避免会造成很多混乱。而我们有了这种观点，就能恰如其分地评判那些在迷信、神话、宗教、哲学中展现出来的心理经验。不管怎么样，都不能低估这种心理生活的价值。借助感官获得的真理或许能满足理性，却不会对这样一种事物有半点帮助，它刺激我们产生感觉，并让我们的人生意义得以彰显。在判定善与恶的过程中，感觉是决定性元素，非常关键。失去了感觉的帮助，理性往往也无法施展力量。理性和善帮我们逃避过世界大战或其他缺乏意义的大灾难吗？有什么了不起的精神或是社会革命是靠推理得出的，比如希腊罗马世界步入封建社会、伊斯兰文明得以快速传播之类？

身为医生，我与上述世界问题没有直接的关联，只有病人才是我的职责所在。到了近期，医学还坚持一种假设，对疾病自身的治疗是唯一应予以重视的对象。不过，呼吁纠正这种错误观点的声音不断高涨，其呼吁治疗的对象不只是疾病，更是病人。相同的要求在心理疾病的治疗中也出现了。我们的精力不断从看得见的疾病，向病人全身转移。我们了解到，心理疾病预示着病人整体的态度都出了错，而不只是某个部分生了病，我们无法为其划分清晰的界限。所以治疗期间，我们应从病人整体入手，而不能仅限于疾病本身，这种治疗的方法是不可能康复的。

忽然之间，我想到了这样一个病例，颇具参考价值。有一位青年相当有头脑，他认真研究过相关医学资料，详细解析了自己的神经症，得出了相应的成果，整理过后，写成了一篇非常翔实、整齐的论文，达到了出版的标准。他带着这篇论文原稿来找我，请我看完之后告诉他，为什么他的病康复不了。他以自己理解的科学原则为依据，判断自己应该能把自己治好。我看完他的论文，只能向他坦言，如果能找出神经症的因果关联，就是符合要求的治疗方法，那他应该会康复，可是实情并不是这样的。我据此推断，尽管我看不到他有什么病症——这点我要承认，但是他必然拥有完全错误的人生观。我从他的自我介绍中留意到，他的冬天很多时候都是在圣莫里茨或是尼斯度过的，所以我问他度假时花的钱是谁给他的。他说有个贫苦的女老师非常爱慕他，拿出钱来供他享乐，慷慨至极，把他惯坏了。他的神经症的起因，就是缺少良知。科学的透视法对他毫无帮助，原因就在于此。他的道德是他所犯的根本性错误。他觉得道德与科学毫无关系，据此判定我在以一种非常不科学的方式下结论。他想借助科学的观点，消除让他忍无可忍的灵魂的忐忑不安，但这根本不可能。他觉得自己的情人纯粹出于自愿，才拿出钱来给自己，所以他对自己心中的矛盾都持否定态度。

我们能够挑选自己的科学立场，但他的做法会让绝大多数文明之人难以忍受，这便是关键所在。**如果想避免错误，心理学家应视道德观为人生的重要元素之一。**而部分人的人生绝对不能缺少以非理性为基础的宗教信仰，这点心理学家更加不能忘记。因为这些有可能就是心理实体，既能导致疾病，又能治疗疾病。**我曾听很多病人大叫："真希望我能早点搞清楚我的人生有意义，有目的，这样我就不会得这种心理疾病了。"**由于这种人已经不能从外部环境得到任何人生意义，因此，贫穷还是富有，有没有建立家庭，社会地位是高是低，都不会对他们产生任何影响。这种人需要所谓心理生活，而大学、图书馆乃至教堂，都不能给予他这种生活，这才是关键所在。他所能得到的事物无法感染他的心灵，只能填充他的脑子，所以他接纳不了这些事物。医生在这样的条件下，发现心理元素的真实情况非常重要。病人的无意识会满足他的需求，帮他做梦，梦的内容带有宗教的性质。治疗方法若否认上述内容的心理源头，就是错误的、失败的。

心理生活有一项必不可少的元素，即全面了解心理的性质。一些人意识达到了很高的水平，所以有十分清晰的观点，这种人就是该说法的明证。文明之人只拥有这些观点的一部分，或完全没有，就是一种堕落。截止到现在，心理学对心理作用的研究，一直以物理因果关系作为方向，因此，以心理元素为切入点进行研究，便成了心理学将来的任务。不过，与自然科学在13世纪的发展相比，心理学现在的发展状况未必更加理想。我们用科学眼光对心理经验进行研究，眼下才开了个头而已。

若现代心理学自我卖弄，说自己已经揭开了人类心理表面遮盖的阴影，那可能仅仅是指研究者长久以来都未能发现的生物学外观。不妨对比一下现在的状况和16世纪医学的发展状况，那时候，人们对生理学毫无意识，毕竟对解剖学的研究才刚刚开始。现在我们对心理的精神层次的了解，不只少，还很零散。心理经历会在很多情境下严重受制于心理状态，有名的原始人成人礼、印度瑜伽术等，都会引发这类状况。不过，它一向坚持的特殊规则，对我们依旧是个谜。大多数神经症都源自这些过程引发的动乱，这是我们唯一清楚的一点。直到现在，心理学研究依旧没能清除人类心理的很多隐秘部分，给人的感觉依旧相当模糊，难以理解，一如很多人生秘密。为了尽可能找到方法，解决这个大问题，我能做的就是一件事，列出我们想要做的事和期待以后会做的事。

第

10

章

现代心理治疗概要

用心理治疗来治愈神经症，是很多心理学派的基本思路。然而，在实践中这些方法并不能解决所有问题，人类心灵的境界远比我们想象更幽深。因此，从梦入手，综合原始心理学、神秘学、考古学、比较宗教学等提供的方法，能大大增强治疗的效果。有一些人，虽已事业有成，却觉得没有意义，甚至患上神经症，这种方法会让他受到勉励，极大地改善某些原本平平无奇、理所应当的事物，更有甚者，还能让其焕发新的生机。

神经症属于功能性心理疾病，要治愈这种疾病，必须借助心理治疗，这点现在已得到广泛认同。不过，对于神经症的形成和治疗的基本原理，大家并未达成一致意见。我们对神经症性质和治疗原则的了解，至今没有达到让人满意的程度，这点必须承认。现在有两个思想学派非常有名，可是要概括当前所有学派的观点，单凭这两个学派的观点还不够。各种意见中有不少是没有加入任何学派的学者发表的，所以只有一种方法能概述这些观点，就是模仿彩虹颜色渐变这种美好的方法。

我始终认为，有必要对很多观点进行对比，因此我非常愿意做这项概述性工作，除非这超出了我的能力范围。我从很久以前就开始被迫尊重种种不同的观点，而这种尊重都是它们应得的。如果这些流行观点无法契合一些独特的人格、性向和基本心理体验，那它们就不可能出现，更不可能获得支持。批评这些观点错误、没用，相当于说认为这些观点成立的人格或经验出了错，即拆自己的台，批评自己的实验材料很荒谬。弗洛伊德用性欲为神经症做解释，并表示童年时期的欢乐与满足构成了所有心理活动的主体，这些观点已被世人广泛接纳，心理学家要把它们当成参考，自然是可行的。可是心理学家会发现这样的观点和感受，刚好契合了现在非常流行的精神发展趋势。而它们在其他地点、环境，以及各阶层人的心灵中，却展现为与弗洛伊德的理论并不完全相同的姿态。在我看来，这种现象就是所谓“集体心理”。我认为有必要先探讨一下哈夫洛克·埃利斯、奥古斯特·弗雷尔、《人类繁殖》杂志这三方的作品。而维多利亚时代后期，盎格鲁－撒克逊民族对性持有何种态度，同样是我要探讨的对象。此外，大众文学对性问题的探讨越来越广泛，法国的写实主义者更是乐此不疲，这些现象我也会涉猎。在这种情况下，弗洛伊德不过是一个有历史背景的心理解析者。不过，我不能在这里详细讨论其历史背景，至于原因，大家都很清楚。

阿德勒[①]在新旧大陆获得的赞赏，和弗洛伊德意义相同。在阿德勒看来，很多人之所以会对权力产生欲望，是受自卑的影响。我们无法否定这种观点，其解释了弗洛伊德学说不能完全解释的心理现象。详细解释“集体心理”力量，逐一罗列阿德勒观点中的社会元素，清楚描绘阿德勒的理论，对我来说都没有必要，因为它本身都一清二楚。

我们当然不能否认弗洛伊德、阿德勒等人的观点中包含的真理，可要是把它们当成世间仅有的真理，那就大错特错了。从心理学方面说，弗洛伊德和阿德勒提出的真理各自都有依据，不少病例都能选取其中之一加以阐释。由于我非常认同他们的真理性，

① 阿尔弗雷德·阿德勒（1870—1937），奥地利著名精神病学家，著有《自卑与超越》《人性的研究》等，曾师从弗洛伊德。——译者注

因此，我不仅不能说他们有错，反过来还想对他们的假设尽可能加以利用。我原本不会背叛弗洛伊德，直到我发现有些东西不能从他的理论中得到解释，因此我只能对这些理论加以纠正。阿德勒也是相同的情况。我不会说自己得到了绝对真理，我之所以提倡自己的理论，是为了对一些元素做出解释，这点好像不必再点明。

我们现在应在能力许可的情况下，在应用心理学领域尽可能保持谦逊，并承认很多模棱两可的观点有其应有的地位。毕竟，人类心灵的境界是现在难度最高的科研领域，我们还远不能对其有全面的认知。我们现在并未掌握太多的观点，所以我希望大家不要在我概述自己的见解时有什么误会。我仅仅是在试图对那些不够清晰的部分做出解释，在研究如何解决心理治疗法遇到的困难，而不是在推荐新理论或传福音。

因为解决心理治疗法遇到的困难，是目前最需要矫正的问题，因此在这里我想讨论的就是它。大家能够忍受理论出错，却不能忍受治疗方法出错，这一点众所周知。我已经做了三十年的临床治疗工作，由此积累的经验表明，与成就相比，令我更加难忘的是自己经历的很多挫败。从原始时期的巫师到通过祈祷帮人治病的人，基本上所有人都能在心理治疗方法中取得一些成就。然而，这种成就并不能给心理治疗师带来半点好处。真正宝贵的经验是心理治疗师本人的成就和大量失败的经验教训，心理治疗师要增强自信心，只能借助它们。它们之所以宝贵，不仅因为它们能让心理治疗师有机会进入真理的内部，还因为它们能逼迫心理治疗师对先前的观点和方法进行修正。

弗洛伊德、阿德勒都让我受益良多，我对此心知肚明。另外，我在治疗病人期间，总是尽可能利用他们的观点。然而，我原本能避免很多不必要的错误，结果却没有，因为我没能从一开始就认真研究那些之后逼迫我纠正他们观点的实验素材。我不能详细说明自己的每一次遭遇，只可以探讨一下其中几个病例，它们比较具有代表性。面对四十岁以上年龄偏大的病人，应付的难度往往比较高。至于比较年轻的病人，用弗洛伊德、阿德勒的学说就足以应付他们了，这是我的看法。因为这两人的治疗方法不会引发不好的结果，只会帮病人回归人生正道，与社会相适应，并逐步变成正常人。年龄偏大的病人做不到这些，这是我的经验告诉我的。我好像有种感觉，在他们的人生中，这些人的心理构造发生了明显的改变，简直能被分成两部分：一部分是人生的上午，一部分是人生的下午。青年的生命主要有两个特征：一是常见的把序幕拉开，二是向终点站努力进发。一般说来，青年的神经症都源自他在此期间的两种表现：犹豫和退后。而年龄偏大的人以节省精力、稳固成绩为特征，不再力争上游。这种人奢望自己仍能坚持青年时期的理想，不顾这种理想早就过时了，这便是其神经症的源头。在神经症患者中，年轻的怕的是生命，上了年纪的怕的是死亡。青年原本理所应当会想依靠自己的父母，可事到如今，他却要直面现实世界，他对此缺乏勇气。经过一番发展，这种情况会变成一种“乱伦”关系，会危害生活。阻抗、潜抑、转移、“虚伪”等状况，在相似之余，又有差异，它们对青年和对老人的含义是不一样的，这点不应忘记。在改正过后，治疗方法的目的应该跟这种现实相符。这就是为什么我会把病人的年纪当成一种关键的征兆。

不过，青年时期的其余征兆同样应该留意。从方法角度说，某处本应该用阿德勒的心理学说，却用了弗洛伊德的治疗方法，是非常严重的错误，一如用哄孩子的方式，让一个一事无成的成年人更加自信。而反过来也是犯了相同的错误：在为一名成功人士做解析时，本该用弗洛伊德的享乐原则，结果用了阿德勒的心理学说。一般说来，在一些比较有难度的病例中，病人的阻抗往往能被视为一种标志，可以利用。尽管好像不太符合常理，但我本人一般还是倾向于非常重视那些基础深厚的阻抗。因为我始终认为，病人自己都不明白的心理状况，医生未必有法子比病人看得更清楚。医生保持这样一份谦逊，在当前说来是非常恰当的。当前，心理学还不够完善，心理构造的相关知识极少，还有很多特殊的心理状况，用通常的方法根本解释不通。

很多人性研究人员已经发现了心理构造的典型差异，我据此对心理构造提出了内向、外向两种基本观点。在我看来，这两种观点也是非常珍贵的标志，一如我之前提到那种情况：一种独特的心理功能比其余功能更强大。医生经常因个体生命多种多样，差别显著，被迫随时对自己的理论做出修改，而自己却毫无察觉，这可能偏离了医生的理论原则。

我们在谈到心理构造时，不能忘记人有唯心和唯物两种态度。随随便便就断定一种态度是突然诞生的，或是从一种误会中发展而来的，对我们来说很不可取。要动摇一种态度，仅仅依靠批判或游说还不够。很多病人的唯物思想之所以无法动摇，通常是因为他对（自己内心的）宗教倾向，持极力否定的态度。现在更受关注的是情况相反的病例，不过从数量上说，这种病例要少一些。这些观点在我看来，同样属于“征兆”，不应该被无视。

在医生的习惯用语中，所谓的“征兆”就是某种治疗方法的意思。原本可能应该是这样的，但很明显，直到现在，心理治疗的成功概率也没这么高，导致我们所谓的“征兆”只是在提醒大家不要有成见，这真是遗憾。

再没有比人类的心理更难理解的事物了。我们面对每一个纯粹的病例，都不得不思考某一种态度或是习惯是否仅仅是从心理上补偿与其相反的态度。在解决这种问题时，我经常会犯错，这点我要承认。我经常在面对某个具体病例时，把解释神经症构造的理论假设和病人能够做、应该做的事全都列出来，我控制不了自己不这么做。我尽量借助经验，把治疗目标确定下来。通常说来，大家都觉得医生在治疗病人时应该有目标，所以我这种表现可能显得很特别。然而，我本人认为，医生在心理治疗期间，不要把目标完全确定下来，才是最佳选择。病人的本能与求生欲望究竟有什么要求，医生并不清楚。在做重要决定期间，与意识和有意义的推理相比，当事人的本能等神秘的无意识能发挥的作用往往要多得多。这个人穿着合适的鞋子，那个人穿着未必合适。能够适应所有状况的人生诀窍并不存在。**每个人都拥有无可取代的生活方式，有别于其余任何人。**

我们说了这么多，并不是说根本不可能让病人的生活重回正常、理智的轨道，否则说到这里就可以结束了。不过，医生只要可以，就应从头开始好好处理病人的无意识材料。本能有什么要求，我们都应遵循。医生应尽可能帮助病人，将其潜力发挥出来，而不能只局限于治疗。

接下来，我会探讨医生需要在治疗方法无效的情况下，寻求别的发展。理智治疗方法产生的疗效无法让人满意，同样是我的心理治疗成果发挥作用的好机会。我的大多数病人或多或少都接受过心理治疗。一般说来，疗效都很不明显或直接没有。我的病人中差不多三分之一都是**因为厌倦了人生而患上神经症**，要定义他们的神经症，只借助临床经验是不够的。我认为现在最常见的神经症就是这种状况。

我的病人年龄在中年以上的，超过总数的三分之二。这种人大多都在社会中事业有成且受人敬重，恢复正常对他们毫无意义，因此很难对这种独特的病人应用理智的治疗方法。由于我自己也不知道有什么人生哲学，能够提供给这些看似正常的人，因此我完全不知道怎么应付他们。我的意识储备在其中大多数病例中，已经用得一干二净了，只能以“我一点办法也没有”回应这类情况。我被迫更深入地探究其内部隐藏的可能性，就是因为这种情况的存在。因为我不知道怎么回答病人的如下问题：“你有什么建议可以提供给我？我应该做些什么？”与病人相比，我未必了解得更多。我只了解一点，那就是我意识层面的观点表明，对于如何继续前行，我一无所知，所以只好说自己“一点办法也没有”，如此半途而废很恐怖，我的无意识并不愿意接受。

站在人类进化史的角度，这种半途而废作为一种心理现象，其实是极为常见的，并出现在很多童话、神话中。“芝麻开门”是想在寻觅秘密之路时，从善良的动物那里得到帮助的故事，大家都听过。“一点办法也没有”，可能属于典型事件，在时间的进程中，这种事件已经引起了很多典型反应和补偿方式。所以我们能够假设，类似事物必然存在于梦等无意识的反应中。

面对这种情况，我就对梦产生了浓厚的兴趣。我这样做仅仅是因为梦本身非常复杂，而不是因为我坚信，最能帮我解答疑惑的非梦莫属，或我得到了一种神秘的理论，关系到所有事物展现在梦中的方式。我试着以梦作为切入点，此外还有没有别的方法，我不得而知。我认为，不管怎么样，梦都能指明有内涵的意象，与什么成果都没有相比，这样还是好一些。我没有关于梦的理论，梦的源头是什么，我完全不清楚，而且我很不确定自己在研究梦时用到的方法，符不符合“方法”的标准。

我与大家的观点是一样的，觉得解析梦的工作既含混又武断。不过，我也明白，若能花费充足的时间进行思考和研究，研究要翻来覆去，以达到透彻的程度，那到了最后，肯定会有结果。这种结果会是现实、重要的线索，指导病人明确无意识为自己指出的方向，但未必会是科学或理性化的事物。我并不太关注对梦的研究能取得什么现实的科学成果，否则我就是基于一己私利，为卖弄自己而进行这项研究。我只希望我的成果会为病人提供一种方法，内容丰富，并能刺激病人再度活跃起来，那我就能断定我对梦的解析已经有效果了。要探讨在科学方面，我有什么喜好，只能等以后再找机会了。

治疗早期，病人给我讲的梦，也就是早期的梦，总是丰富多彩。这种梦往往能直接帮做梦人说出他以前的经历，同时让他回想起一些事情，他当前的人格已经忘记或失去了它们。他之所以走向极端，就是受这种遗忘的推动。极端又引发了半途而废，在此基础上，导致他失去了方向。走极端并不会让力比多忽然消失，心理学专业术语如是说。过去所有的活动都变得没意思了，更有甚者都变得没意义了，一瞬间，所有追逐的目标都不再有价值。可能对这个人来说，仅仅是情绪略受影响，但对那个人来说，却是很恐怖的。我们经常能发现，这种状况下的病人，通常会在从前的某个点得到发展人格的机会，但病人自己和所有人都没有察觉这一点，而梦却能找出相应的线索。也有不少梦暗示着婚姻、社会地位等眼前的事物，问题和矛盾往往就诞生于此。

解析早期的梦并没有什么难度，毕竟上述可能出现的状况都没有超出理性能解释的上限。有些梦看起来一点意义都没有，尤其是暗示着将来的梦，解析这些梦才是难点所在。我的意思是这些梦具备某一种预测性、辨识性，而不是这些梦必然有预测性。它们暗示了一种行外人无法理解的事物，即对某种可能性的解释。连我也经常感到难以理解，每到这时，我便会这样告诉病人："虽然我不信，但还是请你说下去吧！"我们还不知道，为什么这些梦仅有的一种价值会有刺激性。某些梦有神话的意象，奇怪且难以理解，这种梦出现上述情况的概率特别高。通常说来，这种梦都包含少许"无意识的形而上学"，即某种内心活动，其有可能孕育着有意识的思想胚胎，但现在还没办法清楚辨认出来。

我有个"普通"病人做了个早期梦，这个梦非常漫长，其中多牵涉到他姐姐的一个孩子，这个孩子得了病。在他的梦里，孩子两岁了，是个女孩。而他姐姐的确有个儿子前段时间病逝了，其他的孩子都没有生病。很明显他做的这个梦不符合现实，我对这个孩子的意象深感困惑。这个梦和他姐姐并无直接的关联，要说它跟他的关联更加紧密，则比较恰当。他后来忽然想起来，自己曾在两年前对神秘学做过研究，在此基础上，他又开始对心理学展开研究。很明显，这个孩子是他对心理学研究兴趣的象征，连我也没想过会是这样的情况。从理论角度说，这个梦中的意象可以暗示一切，也可以不暗示任何东西。我们能据此推导出某个东西、某一真相除了其本身，什么都暗示不了吗？唯有人类才能让这件事有意义，这是可以确定的。心理学很关注这个问题。这个梦对做梦人说，对神秘学进行研究，是很病态的，这种看法很新鲜，很有意思。唯一重要的是，这个梦成了真。尽管这种解释为什么会有效果，我们不一定清楚，但它的确产生了效果。这对做梦人来说，是种批判性观点，在这种批判过后，他的态度发生了改变。难以想象事情就是通过这微不足道的改变有了起色，走出了原先的绝境。

关于这个病例，我可以用一个比方来评价它。这个梦暗示做梦人对神秘学进行研究，是种病态的举动。我们用“无意识的形而上学”来称呼这种感觉，这种观点的产生是基于做梦人做了这个梦。可更深入一层，我想说，我一方面帮病人明确了他和这个梦的关系，另一方面，我本人也做了相同的工作。他从我的猜测和观点中得到了好处，若我仅借助这点就开启了“暗示”的大门，那这在我看来，并不值得可惜。我们所质疑的暗示，全都是事先已察觉到不妥的暗示，这点我们都清楚。一如偶尔跳出常规，在猜谜的过程中根本算不了什么。心灵用不了多久就会开始全力排斥错误，正如有机体会排斥外物，这是必然的。我解析梦的方法正确与否，我不用证明，也无法证明。我只需帮助病人找到一种力量，能刺激他产生积极向上的生命力。我曾再三强调，这种力量才是真正有实用价值的。

原始心理学、神秘学、考古学、比较宗教学都能提供给我更多的方法，去推测病人的联想，因此对我而言，尽可能多学这些学科非常重要。我们若能综合这些学科，然后展开研讨，往往能发现很多看似彼此无关的意义，它们能大大增强我们解析梦的效果。所以，有些人虽已事业有成，却觉得没有意义，或者不知何谓满足。让这些人走进这种经验领域，就能让他们受到勉励。这会极大地改善某些原本平平无奇、理所应当的事物，更有甚者，还能让其焕发新的生机。毕竟，事物本身并不重要，我们如何看待它们才重要。和无意义的大事物相比，有意义的小事物对生命的价值更高。

我觉得我对这种工作的危险性的估量，并不比其实际的危险性低。这种工作就好像建造悬空的楼房，无论医生还是病人都陷入想象无法自拔，这样说并不过分，这种情况是很常见的。可这样做是有依据的，我并不觉得不可以这样做。不仅如此，我还会激励病人对自己的想象加以利用。我对想象的评价其实非常高，男性精神力量的创造性就在于此，这是我的观点。我不愿对想象提出反对。不过，但凡有一点常识的人都能发现那些无意义、不正常、病态、可憎的想象有多乏味，但是这并不能作为我们反对创造性想象的依据。创造性想象是人类所有工作的源头，我们哪有权贬损它的价值？根据常见的理论，想象本身是有深度的，与人类本能、动物本能关联紧密，说它空无一物、不够现实是不成立的。想象经常会对自身做出改正，选取的方式匪夷所思。人类和人类的精神能动性，都因想象的创造活动获得了自由。有动力之人才能真正达到完整，席勒如是说。

让病人拥有某种心理状态，病人能借此感受到自己的天性，这就是我的目标。这种心理状态具有流动、变化、成长三种特性，并不会因为被外部环境束缚，就变得一点办法都没有。我只能在这里大致说说这种技术原则。一直以来，我在处理梦或想象时都坚持一项原则，必须要对病人有意义。为了让病人也能清楚知道主观关联在哪里，我在所有病例中，都竭尽所能让病人了解这种意义。这是相当重要的，因为如果一个人把自己再平凡不过的经历都当成独特的，那么很明显，他采取了一种错误的态度，太过主观，他可能会因此逐渐与社会拉开距离。除了主观意识外，我们还要有超越主观的意识，这样才能和历史的发展融为一体。不管这种说法看上去多牵强，我们都能从经验中得知，很多人内心的宗教观被他们对理性启蒙运动天真的狂热赶走了，这便是他们患上神经症的原因。现在，宗教教义、仪式规矩都已经从我们的生活中退出，心理学家对此应该有所了解。可是，人类的精神生活必须要有宗教态度这种因素，否认其重要地位，是很不可取的。历史的发展要借助这样的宗教态度才能实现。

我每回谈到方法，都忍不住要问问自己从弗洛伊德那里得到了多少好处。我的自由联想法就是跟他学的，我对这个方法做出改善，得到了我自己的方法。

从心理学的立场说，在我的帮助下，病人知道了自己的梦包括什么有效、重要的元素，在我的极力解释下，病人也知道了自己的梦的意象是什么意思。即便如此，病人所处的状态还是很幼稚。他还在依靠自己的梦，不停地追问，自己从接下来的梦中找到新的线索是否可能。他同样在依靠我的帮助，利用我的看法，让自己的观察力得到增强。所以，他依然有很多、很复杂的问题，他的情况依旧消极，处境没有任何改观。之后会发生什么情况，医生和病人都一无所知，这很像当初希伯来人在埃及摸黑前行的状况。由于所有事物都不能确定，因此我们不应该对这种状况会有何种显著的成效有任何期待。我们不断变卦的可能性很大，到了最后，可能依然“毫无成果”，且形势混乱不堪。我经常从病人那里听到色彩丰富或神奇的梦，病人还会跟我说：“我要是画家，就把这个梦画下来。”梦可能真是一种印迹，其原型可能是照片、图片、油画、手写稿、电影等。

以上种种提示，我都已经切实处理过了。我还经常让病人画出其梦中、想象中的事物，病人往往会以“我又不是画家”来回复我。我每次都会跟病人说，我们全都不是现代画家，毕竟百分百的自由是现代画的一大要求，况且我仅仅是请他画出来，并不会计较他画得好看与否。画画和艺术一点关系都没有。前不久，我让一个极有天赋的肖像画女画家把她的梦画出来，她却像没拿过画笔一样，完全不知道怎么着手。**画眼睛看见的事物是一回事，画心灵看见的事物又是另外一回事，这点显而易见。**

所以，我的病人中有几个年纪比较大的真的开始画画了。这项工作必然会被世人当成徒劳无功的，我对此有充分的认知。可是我们应该铭记当前探讨的重点问题是刺激那些无力再奉献社会，找不到生活乐趣的人，再度产生旺盛的生命力，而不是让这些人为所谓社会价值提供证明。只有对不曾为生命战斗过的青年来说，这种战斗才可能是有意义的。已经为此战斗过很多次的人，是另外一种情况。有些所谓“教育家”可能忽视了个人生活会出现多少变化，才会以相同的方式处理所有个人生活。可终有一日，所有人都不得不挖掘出自己的生命有何意义。

尽管我的病人经常能创作出很多艺术作品，站在美学的立场上，可以将它们放进现代艺术博览馆。然而，我认为，它们根本达不到艺术作品真正的标准，甚至我可能根本不会让这些病人得到这种荣誉，因为他们可能会被抬得太高而沉醉其中，想象自己已经成了艺术家。如此一来，我原先的计划就全毁了。这并非艺术问题，而是直接影响病人的问题，后者比前者价值更高。从社会角度看，个人生活的价值原本微不足道，我却让这种价值达到了最高的程度。病人在这种情况下，会抛开所有顾虑，无论自己的观点有多粗浅，多天真，多难以表述，他都会尽量将其表述清楚。

我鼓励病人在某个发展阶段用画笔、铅笔或是钢笔将自己表述出来，是为了什么呢？是为了营造某种效果，这和我处理梦目的相同。我在前文中谈到，病人在那种幼稚的状况下，还和以前一样被动又消极。但事到如今，病人已经开始活跃了，且是他自己主动这么做的。他先画出了自己想象的观点，然后补充了自己的主观构建。从心理学角度看，以下两种情况根本不能相提并论：一是一个人一周跟医生聊了两次，成效如何，很让人生疑；二是一个人接连花费几小时，竭尽全力画水彩画，最终画成了一幅画，尽管画看起来好像一点意义也没有。如果一个人的想象的确没有意义，那画出这种想象的过程必然非常煎熬，他有了这次的经历，往后肯定不会再做这种尝试了。可对他来说，自己的想象也不是一点价值都没有，效果就在他拿着画笔努力画画的过程中，进一步得到增强。另外，试着把意象具体化，的确能帮我们找到很多新的研究方法，从而感受到相应的成效。在将现实元素赐予想象的基础上，画画法又将更大的影响赐予了想象。这些粗糙的画确实能产生很多效果，虽然清楚描绘出这些效果，对我们来说相当困难，可病人只要有过借画画摆脱痛苦的经历，几次过后就会学会用这种方法来摆脱低落的情绪。他会越来越坚强、独立，心理会越来越成熟，这种效果非常显著。我觉得现在能够得出定论了，在画画法的帮助下，病人可以再次变得坚强。他会借助画画法，把自己的心灵经验和感受表述出来，而不用再求助于自己的梦，也不再求助于医生的专业知识。因为他真正富于创造性的想象，都在自己的画中展现出来了。在此推动下，他的生命活力再度复原。生命活力并非被大家误会为自我的自我意识，而是他的天性，他全新的自我，因为在自己内部的生命力作用下，他的自我已被刺激振作起来。他发觉那种自己既没看过也没听过的精神生活隐藏的天性，就是自己心底的生命活力，因此他极力想用画笔把它展现出来。

我可能没办法逐一描绘出上述新发现带给病人的所有价值，以及对其人格的改变。自我意识就像地球，忽然发现行星系统和地球的运行轨道都以太阳即能控制自己的自我为核心。

我们一早就听说过这些道理，不是吗？我们一早就对此心知肚明，我觉得这是毋庸置疑的。不过，我看起来却像是不了解这一点，因为我的脑子可能对此一清二楚，另一个我却不然。对一些重要的道理有深入的了解，却拒绝在生活中遵循这些道理，这就是我大多数病人的做法。这是什么原因呢？原因就是，对意识的重要性过分看重，导致我们把生活核心确定为“自我意识”。

青年人要是还没有适应社会的能力，也没有取得什么成就，那尽可能训练自己的自我意识，也就是培养自己的意志，就成了他的最佳选择。他不必相信，自己内部存在和意志无关的事物，除非他是天才。他应该相信自己极为强大的意志足以摒弃各种杂念，足以否认它们的重要性或掌控它们，否则他要想适应社会，根本是不可能的。

我们不用帮已过中年的人培养自我意识与意志力。有些人已经领悟到了个人生活的意义，接下来就应学着了解个人内部实质。这些人对名利失去了欲望，虽然名利依然是很有必要的。他们开始用自己的创造力为自己争取前程和好处，因为他们明白，这些创造力对社会来说已经没有多大价值了。他们能借助这种做法，逐渐从对其他人的反常依赖中解脱出来，由此开始建立自信心。这些成果将促使病人在社会生活中进步，毕竟和那些不能与自己的无意识达成妥协、友好共处的人相比，自信且心理健康的人自然更易在社会中站稳脚跟。

这篇文章的很多部分还是很难理解，这是不可避免的，因为我的文风是不要把理论当成论述的重点。不过，理论论述还是有必要的，否则就无法理解病人的画。线条、色彩都明显带着原始符号的象征味道，是这些画的共同特征。在浓度的帮助下，色彩将表现的力度对外呈现出来，其内部隐藏着厚重的传统。我们以这些特征为依据，了解这些画展现的创造力，并非什么难事。我们很容易从它们包含的种种特征中——包括人类进化过程中的非理智、象征化、历史悠久等——找出它们与考古学、比较宗教学的相似之处。所以，我们能大胆提出这样的假设：精神生活中的集体无意识，就是这些画的源头，即人类共同的无意识心理活动是这些画的源头，不仅如此，它还是以前所有同类作品的源头。这些画源自某种天性的需求，并让这种需求获得了满足。我们能借助这些画，找到那种与过去和现在融为一体的心理，并据此减少当前的有害意识造成的影响。

还有一件事我必须说清楚，在画画之余，病人还应该从理智、情感两个角度，去领会这些画。这些画应该受意识掌控，能被理解，并能与伦理道德规则相符。我们要对此做出解析，但直到现在，我还没能彻底完成这项工作，我的工作成果依然十分零散，以至于没办法将它们公开。不过，我倒是经常利用一些特殊的病人，对解析法进行验证。

我们其实正走向一个崭新的层次，由此产生的第一项需求是经验成熟。我不想随便下结论，有很多重要的原因不允许我这么做。当前，我们的研究对象是意识之外的心理生活，无论观察还是描述，采用的都是间接方式。我们现在还猜不出未来能达到何种深度。由于很多画对病人的价值极高，因此，这类似于一种集合的过程，我之前曾提到过。病人们从这些画中得到了新平衡，好像还因此逐渐走上了正轨。最初的时候，这个过程有何目的，可能不够明显。我们只好先说其对意识人格有什么重要的作用，病人在这种作用下，有了更强烈的生之欲，生命之流也正常化了。据此，我们能断言，其内部必然存在一种目的，非常独特。以幻象来称呼它，可能会很恰当。可是，幻象是什么呢？称这种事物为幻象，依据是什么？心理究竟包不包含我们所说的幻象？对心理来说，我们所说的幻象可能是生命一种重要的构成元素，其重要性等同于氧气对生命个体的重要性。此外，它还是一项心理事实，极具影响力。若不能以已有的分类方法为依据，对心理进行分类，那我们以“所有能发挥作用的事物都是真实的”作为结论，便是最佳做法。

我们原本不应该把心理和意识混淆，这样会导致我们对心理的讨论功败垂成。而我们要反过来了解心理是什么样的，一定要掌握一种方法，以分辨心理和意识。对心理来说，我们所谓幻象可能是最真实的。无论如何都不要混淆了心理真实和意识真实。心理学家心目中最愚蠢的人，就是把可怜的异教徒信仰的神明说成幻象的牧师。可惜相同轻率的错误，我们也会犯，好像我们的真实不包括任何幻象一样。心理生活和我们的其他生活经验没有区别，其中所有能被真实影响的，本身都是真实的。我们最重要的是调查其真实性，而不必理会大家想用什么名字称呼它们，这不重要。对心理来说，被冠以性欲这个称呼的精神也还是精神，这点毋庸置疑。

在此我一定要重申，大家以前用过的术语、使出的花招，从来不曾牵涉到以上作用的实质。这种实质和人生类似，要了解它，只借助意识的理性观念是不行的。我的病人们之所以努力把自己的心灵，用象征的方式展现出来，是因为他们都对这种真理的力量有了切实的感知。他们在描述、分析这种象征的过程中感受到了一种事物，比理智的解说方法更有效果、更能满足其需求。

第

11

章

荣格与弗洛伊德观念的差异

当前，人类的性生活混乱不堪，这是很明显的。我们都很清楚，牙疼必然会让我们没空理会其余事。弗洛伊德的性欲理论的诞生，是基于病人要被逼迫或是被引诱纠正自己的错误态度，很明显，这就是对性压抑的夸张过度。其会在正常发展之门开启后，迅速恢复正常状态。这是一种反抗，针对的是当事人的父母亲戚。这会让人身陷一种可憎的家庭关系，给生命力造成阻碍。

实际上，让没有被我和弗洛伊德影响分毫的第三者，来探讨我和弗洛伊德的观念有何分别，才是恰当的做法。我非常怀疑自己的态度够不够公正，这项工作是否可以交由其他人负责。若我从旁人处得知，这一了不起的工作已经有人完成了，其取得的成就就算与敏希豪生男爵[①]相比，都毫不逊色，那我肯定此人的观念必然抄袭了其他人的成果。

仅凭一个人的力量，无论如何创造不出能让大众接纳的观念，这个人反过来只能算作他观念的仆从。通常说来，被世人视为真理的观念都很独特。其本身没有时间性，只会现身于某个特定的时期。它们全都生长于心理生活的园地，能从中汲取养分，繁衍生息。而短暂的人类精神便在其中开花，结果，凋谢，死亡，与一棵树差不多。人的一生很短，要想创造出观念是不可能的。是观念创造我们，而非我们创造观念。由于观念能展现人们所有的长处和短处，因此，在接纳或传播观念的过程中，我们都不可避免要忏悔。谈及与心理学相关的观念时，这种情况就更加显著了。心理学的观念无法不依赖人生的主观看法而出现。从客观世界中，

① 敏希豪生男爵是生活在18世纪的德国庄园主，他非常擅长讲故事，后人根据他所讲的故事编成了《吹牛大王历险记》等书。——译者注

我们能得到不带主观偏见的经验吗？就算在最理想的条件下，任何经验都会有更多的主观解释，不是吗？可实际上，主体也属于客观真相，世界的组成部分。所有诞生于主体的，也诞生于大地。就像极为珍稀的动物也是我们共同拥有的大地孕育出来的，并从大地中汲取养分。最真实的事物其实就是与自然和生物的天性距离最近的主观观念。可是何为真理呢？

我认为，最佳做法是舍弃我们现在讨论的真正且正确的心理学这一观念，以方便对心理学展开探讨。有针对性地探讨，是我们的极限，即毫无保留地说出自己的看法。有一种人可能只重视以何种方式表达观念，觉得自己正在创造观念，借助一种属于自己的方式。还有一种人以“观察者”自居，表达自己的感受，并坚持认为自己是从主观中得到了这样的感受。其实在二者中间，才是恰当的做法。有针对性地探讨归纳自己的观察结果，并对外表达出来。

先不说现代心理学的发展前景，其自身应该具备的宽容态度和表达的合理性还远达不到适当的标准。当前的心理学基本相当于对几个人表达方式各不相同的研究成果的汇总。由于个人总会倾向于某种类型，只是程度多少不一，因此，个人的成果也只能作为部分人观点的代表。而倾向于另外一种类型的人，同样只能作为另外一种人的代表。据此说它虽不常用，但依然具备合理性，当然是可行的。弗洛伊德的性学说、幼儿享乐说、现实原则冲突说、乱伦说等等，全都是他借助自己的方式，对自己的研究成果的表达，他用恰当的方式表达了自己的发现。只因弗洛伊德和他的弟子目光太过短浅，我才会被人称为弗洛伊德的反对者，而我实际上并不是。弗洛伊德的理论与学说的确契合了很多病例，这点任何有心理治疗经验的学者都必须承认。弗洛伊德毫无保留地公开了自己的见解，从这个角度说，他推动了一种了不起的真理的问世。他倾尽所有精力创造了一种心理学，堪称其个人智慧的结晶。

各人所处的不同环境，决定了各人为事物做判断的方法各不相同。心理构造的差异也决定了各人对事物会有不同的见解。这方面的最佳案例就是弗洛伊德最早收的弟子之一阿德勒。阿德勒在研究期间运用的经验材料，跟弗洛伊德是一样的，但他得出的对事物的见解，却迥异于其老师。阿德勒同样是一种著名的类型的代表，它拥有能与弗洛伊德相比的判断方法。这两个学派的弟子全都公然表示，我提出的观念是错的，一点情面也不给我留。不过，我期待历史以及有公德心的人有朝一日能帮我证明。据我了解，这两个学派做了以下不该做的事：对生命的病理部分突出过度；分析病例时，对病人本身的缺点太过看重。弗洛伊德不能了解宗教经验，是对这种情况最简洁明了的体现。弗洛伊德的书《一个幻觉的未来》，能为此提供充足的证据。我本人更愿意避免病人忍受弗洛伊德作品中的观念之苦，具体做法是以个人健康作为切入点。弗洛伊德的理论大多都以神经症的真实情况为依据，研究推导的结果自然也只能适用于这些情况，所以看起来有些许偏激。弗洛伊德的学说在这些领域还是有依据的，尽管本身会有不足——这是不可避免的，但归根究底，不足同样是学说的组成部分，他坦然的态度从中体现出来。总之，要探讨心理健康的人，弗洛伊德的心理学并不适用。

弗洛伊德心理学观察的对象，仅包括没有受过批判，甚至是无意识的世界，这会大大约束人类经验的范畴和理解力，这就是弗洛伊德心理学的病态情结。关于自己的个人观念的假设或者说前提条件，弗洛伊德从来没有提出过批判。可是若他从批判的角度对自己的假设做过研究，那在《梦的解析》那本书中，他推导出的结论就不可能那么天真，因此，借助推导就能知道，他很有必要进行自我批判。简言之，他必然会吃尽苦头，跟我没什么两样。关于哲理性批判的苦涩滋味，我一向都主张亲自品味，不过，一直以来，我都怀着慎重而不求深入的态度。我的反对者可能认为我谨慎过了头，但我的感觉认为这已经很多了。因为自我批判往往很容易对个人的纯真造成伤害，而没有创造能力的人不会拥有纯真这种价值连城的宝物。总之，我已经通过哲理性批判意识到，**所有心理学都有主观性**，我自己的心理学也不例外。而我应竭尽全力保护自己的创造力，使其免于自我批判的破坏。我的每一句话都包含着自己的背景和独特的环境成分，即主观成分，对此我有深入的了解。我在谈论经验性素材的过程中，谈论的还是我自己。可我之所以能为人类的知识做出贡献，恰恰是因为我看出了上述情况是无法避免的。从这种贡献的角度说，弗洛伊德也怀有相同的意愿，至于他的成果，从严格意义上说的确有很多。除了真理，错误也是知识建立的基础。

我们可能就是因为这个原因，有必要了解下列真相：个人独立创立的心理学必然会带着主观性，我与弗洛伊德之间存在异常显著的区别。

我尽可能不让无意识和未曾接受过批判的假设作用于自己，是我跟弗洛伊德另外一项区别。任何人都不能确保自己能不受所有无意识假设的作用，因此，我说的是“我尽可能”。至少，我会尽可能避开成见极深的渊薮，所以准许各种神明存在，他们或许会作用于人类的心理。无论天然的本能或是冲动被称为性欲还是权欲，它都属于人生的动力，并经常发生矛盾，对此我不会否认。在这种情况下，将其称为“精神”又有何不妥？直到现在，我还是不明白精神究竟是什么东西，也不明白本能是什么东西。对我而言，这二者都很神秘。可是借助其中一种东西，否定另一种东西，我无论如何都做不到，否则我就会犯下大错。世间只存在一个月亮，这种观点没有错。只有人类的“理解”才包含着误会，要从自然界中找到误会，是不可能的。我自然无法理解本能和精神，只能认为其代表着强大的力量，人类理解不了。

我相信，任何一种宗教都拥有独特的价值。我从它们的象征意象中发现的人物，很像我从病人的梦和想象中发现的人物。我觉得从道德教义角度看，它们的目的等同于为了追寻内部生活，病人借助自身观点或灵感做出的努力。我对种种祭祀仪式、入会典礼、苦修等复杂的形式和类型，都兴趣浓厚。我能借助这么多方法，发现它们跟内部生活的力量有何关联。我还相信，生物学和常见的自然科学经验的价值都非常高，因为我以这些为依据，找到了一种行之有效的新方法，能从外部世界对人类展开研究，加以了解，进行讨论。而在我看来诺斯替教[①]，从反面具备同等珍贵的价值。我们能够从内心获取与宇宙相关的很多知识。对于世界，我本人持这样的观点：世界的外部范围和内部范围都同样广阔，人介乎于这二者之间，有时在内部，有时在外部，并经常以情绪或是性格为依据，对一个加以肯定，对另外一个加以否定，或使其沦为牺牲品。

该观点自然是一种假设，但我并不想舍弃它，因为它具备很高的价值。它既具备启示性，又具备经验性，同时作为一项事实，得到了大众的认可。尽管我能想象，我自己的灵感源自经验，但是这种假设却源自我的心灵，这是毋庸置疑的。以该假设为依据，我推导出了自己的类型论。另外，我要时常与弗洛伊德达成让步，同样要时常跟自己的各种观念达成让步。

世界上所有东西出现时，都是成双成对的。我以自己的这一发现为依据，领会到心理能量的观念。我也将心理能量这种现象视为成双成对出现的，与物理能量有冷热高低之分，是相同的道

① 诺斯替教又称为灵智派，是对罗马帝国时期盛行于地中海东岸的大量神秘主义教派的统称。通常认为，诺斯替教起源于 1 世纪，流行于 2 至 3 世纪，到 6 世纪基本消失。诺斯替教都奉行“重知主义”教义，相信物质与肉体充满罪恶，要让灵魂获救，必须要领悟神秘的“诺斯”，即希腊语中的“真知”。——译者注

理。一开始，弗洛伊德只知道性欲是仅有的一种心理动力，我们关系破裂后，他终于承认了其他心理活动的地位。为了不让我的心理学变成只探讨动力或是冲动的武断心理学，我一度以能量的观点为依据，将种种动力或是推力细分成了多个种类。所以我探讨的动力或是推力属于“价值强度”问题，而非只存在于特殊情况下。尽管弗洛伊德再三表示，我的确否定了性欲在心理生活中的重要性，但我的上述说法却并非为了否定这一点。我仅仅是想阻止当前用性欲这种片面的观点概括整体的倾向，对人类心理的所有探讨，都因这一情况消失了。将性欲摆到恰如其分的位置上，是我的心愿。我们以常识为依据，判定性欲的功能虽影响力深远，但其本身却仅仅是生命的众多本能之一，心理和生理的众多功能之一。

当前，人类的性生活混乱不堪，这是很明显的。我们都很清楚，牙疼必然会让我们没空理会其他事。弗洛伊德的性欲理论的诞生，是基于病人要被逼迫或是被引诱纠正自己的错误态度，很明显，这就是对性压抑的过度夸张。它会在正常发展之门开启后，迅速恢复正常状态。这是一种反抗，针对的是当事人的父母或亲戚。这会让人身陷一种可憎的家庭关系中，给生命力造成阻碍。通常的“幼儿性欲说”，说的就是这种受到阻碍的情况。可是性欲受到阻碍并不是真正的原因所在，真正的原因是一种紧张拘束的表现，其全部归属于另外一种生活范围。这里的洪水已经泛滥，我们为何还要眷恋？乘船逃离洪水，还不如开凿新的水渠，把洪水排出去。为了发泄受阻的能量，我们应竭尽所能找到一种态度，或者找到一种全新的生活方式，否则必然会引发恶性循环，即弗洛伊德心理学中的危机。在这样的前提下，再想超越很难改变的生物循环，就不可能了。在这种绝望的逼迫下，人们必然会效仿保罗，大叫："谁能帮我这个罪恶滔天的人获得解脱？"人们中的圣人为此走过去，用浮士德的语气摇着头说："你们所了解的推动力只有一种吗？"你与自己的父母，或是你与自己的后人的血亲关系的约束，即你与从前和将来的亲属的"乱伦"，就是如此。家族关系得以维持下去，这便是其中的原罪。只有一种方法能解除这种约束，就是生命的另外一种推动力，即精神力。这是不被束缚的"上帝的儿子"，而非肉身的繁衍。在巴拉赫的家庭生活悲剧小说《死亡日》的末尾，母鬼这样说道："世人都不明白，上帝就是他们的父亲，再没有比这更离奇的事情了。"无论何时，弗洛伊德都无法明白这个道理。与他观点相同的人，也无一人想去了解这一情况。这些人至少少了把钥匙，能打开通向这种真理的大门。对只寻求捷径的人来说，神学派不上什么用场，因为神学需要人们真心诚意，这完全属于上帝的恩赐，不能在没有任何根据的情况下创造出来。现代人需要再度找回精神生活，这要求我们再度投身其中，加以体会。只有借助这种方法，才能解除生物循环中的约束。

我与弗洛伊德在观念方面的第三项差异就是如此。有人据此谴责我，说我是神秘主义者。我的意思并不是在任何时间任何地方，人类都能自然而然形成自己的宗教表达方式，更不是从史前时代开始，人类心理就具备了宗教感和宗教观念。我的意思是，任何人若不能清楚了解人类的心理，都能称得上观察力匮乏，任何人若试图否定或是掩饰人类的心理，都能称得上了解真相的能力最为匮乏。从弗洛伊德和他的学派创造的“恋母情结”中，我们能找到什么非常有价值的证据，解除那种根基深厚的家族关系吗？借助过度的执拗与敏感，他们为“恋母情结”做出了匪夷所思的辩解，这其实是对宗教性质的误会和掩饰。通过生物学和家族关系的方式，对外表达的神秘主义就是如此。而弗洛伊德的“超我”观念，不过是试图偷走耶和华一直以来为人敬重的意象，再套上心理学理论的外套。公然承认这一点，是采取这种做法之人的最佳选择。而我个人向来愿意在描述某种东西时，采用大众都知道的称谓。历史不会倒退，要否认人类从原始的入会典礼到现在的精神生活发展，是很不合理的。科学极力为自己的研究分类，形成各自有限的假说，这是科学取得成就的唯一方法。不过，人类的心理并不是这样的，它是一种整体物，将意识也囊括在内，是意识的母亲。科学不过是人类心理的功能之一，要解释所有生命的奥秘，是不可能的。研究心理治疗的学者不应该让病理学影响自己期待的前景，应该记住病态心理也属于人类心理，是人类心理生活整体的组成部分，这点不会因病态发生改变。研究心理治疗的学者应承认，自我与整体、人类、心理都脱离了关系，是自我生病的原因。就像在《自我与本我》那本书中，弗洛伊德表示，当本能无法返回自己的父母，也就是心理和天性身边时，自我就会成为毋庸置疑的“可怕的地方”。在谈到尼哥底母[①]时，弗洛伊德遇到了难以解答的问题：“重新进入母亲的子宫，再重新被生出来，这对人类来说可能吗？”由于现代心理学不会再就这个问题展开辩论，因此，这种情况相当于历史的轮回。

入会典礼数千年来教导我们的全都是精神重生。可是人们却再三忘记生育神圣的意义，真让人难以理解。这自然无法证实一种强大的精神生活，但误会的情况现在不断加剧，相信这种情况仅仅是种类似于精神病的沦落、更深切的痛苦、干瘪缩小、思想的缺失。我们很容易能把精神排挤出去，但我们的人生届时也必将变得十分乏味。好在由于古代的入会典礼和教义已经世代传承至今，到了最后，精神的力量都能恢复，我们能够为此提供证据。人类会重新站起来，重新明白一个道理：上帝是人类的父亲。身体和精神之间的均衡，也将在人类内部维持下去。

我和弗洛伊德的基本假设，是我们之间最重要的区别。我们必然会提出假设，在这种情况下，就不应故意撒谎，表示我们没有提出半点假设。我认为需要对基本问题加以讨论，原因就在于此。大家从这些问题着手，就能更清楚地明白我跟弗洛伊德的众多区别。

---

① 《圣经》中的人物，他曾在夜里拜访耶稣，问耶稣人老了以后，如何重生，能再进入母亲的子宫，然后再生出来吗？——译者注

第

12

章

心理学与文学

从古至今，所有内心有创作的烈火燃烧的人，都要为此付出巨大的代价。所有人生来就具备某种才能，这是他们的资本。人类构造中包含着一种欲望，想要独占这种才能，对其加以利用，而不理会其他才能。这种创作的欲望也许会耗尽人的动力，迫使创作者的自我身陷残暴、自私、虚荣——也就是自恋的倾向——等坏习惯之中，乃至坏事做尽，以此避免生活的烈火被夺走，让其留下来继续燃烧。

由于人类心理原本就是所有科学和艺术的母亲，因此，以精神经历为研究对象的心理学很明显可能会对文学造成影响。我们对心理学研究的期待是，它既能为某件艺术作品的诞生过程做出解释，又能为某个人具备艺术创造力的原因加以揭露。心理学家因此需要面对两项任务，彼此之间差异很大，在对其展开讨论时，要运用截然不同的方法。

我们对艺术作品的研究，需要讨论这样一项成果，其是由极其复杂的心理活动创造而成的，其创造者应该既包括意愿，又包括意识。而我们对艺术家的研究，应该涉及精神构造。在第一种情况下，我们要试着用心理学分析法，对某件特殊、具体的艺术作品进行研究。而在第二种情况下，我们就要对某个有生命、创造力丰富的特殊人格进行解析。这两项工作关联紧密乃至彼此依附，但我们无法通过研究其中某一项工作，得出另一项工作的答案。对某个艺术家的某件艺术作品进行研究，或许能推导出这个艺术家的状况，或反过来也可以，但通过这种方法得出的结论最多只能算猜测或主观判断，不够完整。我们在理解浮士德的感慨“母亲——母亲，多么美好”时，若能对歌德与他母亲的关系有所了解，必然会有帮助。不过，就算我们对歌德跟他母亲的关系了解得很清楚，也无法只根据他们母子的亲密关系确定歌德创作《浮士德》的原因。反过来，在研究歌德时，仅仅从《浮士德》着手，也不会起到任何作用。尽管尼伯龙根的男性英雄世界，的确与瓦格纳那种不正常的女性气质有很多秘密的关联，但是我们单从《尼伯龙根的指环》[①]这部音乐剧中，根本发现不了或推导不出瓦格纳很喜欢穿女人的衣服。

从心理学当前的发展情况中我们得知，要想像其他科学一样，明确了解心理学的因果关联的详细情况，是不可能的。我们应用心理关系规律的自信心，仅限于“心理—生理本能”和“反射”等领域。心理生活始于某种相当错综复杂的层次，心理学家应该生动形象地展现出这为数甚多的心理活动，以及它们具备的复杂、波折、深邃的特征。心理学家应避免在这样做的过程中，对必然存在的精神经历加以确认。如若不然，或是我们相信心理学家必能揭示一部艺术作品与其创作经过的因果关联，心理学家就会让艺术研究缩小为自己的一系列科学成果的附属品，而丧失了其原本的安神之所，难道不是这样吗？心理学家当然会坚持探究复杂的心理活动，以及心理活动的因果关联，如若不然，心理学就失去了立足之地。可是，由于远远超过所有能凭借理性理解的努力，即能在艺术作品中得以最透彻展现的生命的创作层次，因此心理学家对上述原则不应太过坚持。因果律或许能解释所有刺激引发

---

① 《尼伯龙根的指环》是德国作曲家瓦格纳（1813—1883）编剧、作曲的一部大型音乐剧。——译者注

的反应，但人类无论何时都无法理解与纯粹的反应相去甚远的创作，无法对其有全面的了解，而只能产生不够清晰的感受，只能将其展现形式表述出来。心理学研究和艺术研究不存在竞争关系，应该经常彼此借鉴。我们无法推导出心理行为的起因，这是心理学研究一个关键的原则。至于艺术研究的原则，则是心理方面的创作有其价值，艺术作品或是艺术家的问题不会对此造成影响。两项原则都有各自的依据，哪怕它们彼此有很多区别。

（一）艺术作品

在评价艺术作品的方法上，心理学家和文艺批评家截然不同。对文艺批评家来说，某种事物可能很重要或很珍贵，但对心理学家来说，却可能一点都不重要。心理学家往往会被价值观很不清晰的艺术作品深深吸引。以“心理小说”为例，文学家认为这种小说都能得到心理学家的重视，实际却未必如此。这种小说整体而言已经说得非常清晰了，其本身已经做完了心理解析工作，除了为其增加少许批评意见外，心理学家什么都做不了。我现在还不打算论述某位作家怎样创作某部作品这种大问题，等到这篇文章的后半段，我才会谈及这个问题。

作者没有为小说人物做半点心理解析工作，只有这种小说才需要心理学家为其进行解析，其形式才具有研究的价值，因此这种小说才是心理学家心目中价值最高的。伯努瓦的小说、类似哈格德[①]风格的英国虚构小说，都是这种小说的典型代表，而柯南·道尔创作的侦探小说——之后风靡一时——是这种小说中名气最大的。我觉得梅尔维尔的《白鲸》[②]也属于这种小说，这是美国最了不起的一部小说。对心理学家最具吸引力的作品要生动形象，饶有趣味，但与此同时，故事叙事又不能带有心理学的模式。这种作品都以模糊的心理学构造为故事基础，在行文中，作者自然而然表现出了这种纯粹、明了的构造，哪怕是严肃的批判，作品也是能承受得起的。而心理学模式的小说作者却与之相反，他经常试图把自己的素材从鄙陋至极的水准提高到能被心理学解释、表现的水准，使素材变得面目全非。这样做往往会使作品的心理学意义更加含混不清，简直无法理解。很多行外人在对“心理学”做研究时，就以这种小说为依据。然而，在心理学家看来，另一种小说才是最具挑战性的，毕竟更深层面的含义，只有心理学家才能探究。

上述内容全都围绕着小说，但除了小说这种文体，其他文体也会牵涉到我想研究的心理学真相。我们从诗歌中，以及接下来探讨的诗剧《浮士德》上部和下部中，也能发现同样的状况。诗

---

① 哈格德（1856—1925），英国作家，生平创作了七十余部作品，其中影响最大的是幻想冒险小说，主要代表作是《所罗门王的宝藏》《她》。——译者注

② 赫尔曼·梅尔维尔（1819—1891），美国作家，被誉为美国的“莎士比亚”，小说《白鲸》是他最负盛名的代表作，讲述了一名船长追杀一头白鲸的故事。——译者注

人已经耗费了巨大的精力解释过格蕾辛[①]的爱情悲剧了，心理学家没必要再浪费精力。不过，关于下部却很有必要解释一下。在这一部中，诗人尽情施展自己的创作力与想象力，分不出余力去做解释工作。在这种情况下，详细的解释就是读者迫切需要的。通过这正反两种极致的方式，《浮士德》上部和下部非常清晰地解释了文学作品在心理学方面的差异。

我会把上述两种艺术形式分别称为“心理学式”和“幻觉式”的，以凸显上述差异。“心理学式”主要是处理人类意识生活、感情生活的不同组合，这些素材来自人类意识领域，通常包括生活经验、情感起伏、痛苦往事、人类命运等。诗人在心理方面对这些素材进行同化、融汇，提升原先的常见事件，将其组成诗一般的经验，公开表述出来，让读者产生这样一种感受：忽然对人生的奥妙有了透彻的了解。读者能从诗中发现先前自己逃避、忽视、拒绝看见的事情。诗人的作品要对以下对象进行解析，并提供启示：一是意识的含义，二是喜怒哀乐这些必然会再三出现的人生经验。诗人在解释浮士德为什么会爱上格蕾辛，格蕾辛为什么要杀掉自己的孩子时，已经不必求助于心理学家，除非读者有这种需求。这些主题共同组成了人类命运，反复出现了无数次。警察法庭和刑法全都如出一辙，原因就在于此。由于这种作品本身已经表述得很清楚了，所以并不存在难以解释的地方。

---

① 歌德的诗剧《浮士德》中的重要女性角色，浮士德的恋人。——译者注

大量涉及爱情、环境、家庭、犯罪、社会的小说，以及说教诗歌、抒情诗歌和悲剧、喜剧，全都属于这种类型的艺术作品，数都数不清。无论“心理学式”艺术作品是何种文体，作品的题材都源自丰富的人生意识经验，也就是人生展望，这是人生中最生动形象的组成部分。因为这种艺术的创作还在心理学的理解范畴内，所以我才称这种创作方式为“心理学式”。其中的经验、艺术表现等所有构成，都能被理解。其中的根本经验可能是非理性的，但并不荒谬，具体包括激情及其必然导致的结果，被命运掌控的人类，美丽但可怕的恒久存在的自然等，从古至今，所有人都对这些有所了解。

就这样，《浮士德》上下两部成了划分两种艺术创作形式“心理学式”和“幻觉式”最恰当的分界线。二者的条件差异显著，后者不再选择世人熟知的素材进行创作，而以人类内心深处作为创作的源头。我们从中了解到，在时间方面，我们与洪荒时代有何差异，并感受到了一个光明与黑暗相互对比的非凡世界。这是一种原始的经验，人类无从理解，所以人类经常感受到一种威胁：自己可能会被其操纵。它大到望不到边际，这就是它的价值和力量的源头。它给人一种陌生、冷酷、无垠、奇幻、变幻莫测的感觉，因为它能一直追溯到无尽的过去。它如实展现了无穷无尽的混乱中的凶恶与荒诞，如尼采所言是“危害全人类的严重罪行”。人类的价值和艺术体裁的标准，因此变得四分五裂。只拥有从日常生活中获得的浅薄的经验，不足以让艺术家处理种种奇异的现象，这些现象的含义与奥秘，都不是普通人能够领会、知晓的。这种浅薄的经验既不能揭露宇宙背后潜藏的秘密，也不能超出人类的能力范畴，这可能会让普通人感到吃惊，对艺术家来说，却相当于已经预备好的素材。不过，原始经验能从上往下揭开那张大幕，大幕上画着井井有条的画，大幕背后却是尚未成形、深不见底的渊薮，这时也已呈现于人前。我们无法否定或肯定那是世外仙境的幻境，还是灵魂模糊不清的幻象，是宇宙在人类问世前刚刚诞生时的情景，还是将来尚未实现的梦境。

成形——再度成形
永恒的精神持续运作

类似的幻象在以下作品中都能找到：《黑马牧人书》[①]，但丁的作品，《浮士德》下部，尼采类似于狄奥尼修斯的华丽文辞，瓦格纳的《尼伯龙根的指环》，斯皮特勒[②]的《奥林匹亚的春天》，布柏迈克的诗歌，僧侣科隆纳的《伯利斐里的梦》，柏麦兼具哲学和诗歌性质的低声倾诉。原始经验出现在哈格德的小说系列

---

① 公元2世纪问世的基督教著作，作者据说是罗马主教庇护的兄弟，内容是化身为牧人的天使用异象启示黑马。该著作非常接近于《圣经》正典，尽管最终没能成为《圣经》正典，但依然在神学发展史上占据着相当重要的地位。——译者注

② 卡尔·斯皮特勒（1845—1924），瑞士作家，凭借史诗《奥林匹亚的春天》获得诺贝尔文学奖。——译者注

《她》中时，形式更受限制，也更独特。相关例子数都数不清，伯努瓦的作品，特别是那部《大西洋》中，库宾的《另一方面》，梅林克的《绿色的脸》——不应该低估这本书的价值，格茨的《无空间的王国》，巴拉赫[①]的《死亡日》，都出现了类似的情况。

我没必要在探讨“心理学式”艺术体裁的过程中，对其素材与含义太过介怀，但这个问题却是在探讨“幻觉式”艺术体裁的过程中必须思考的。我们会对这类作品感到非常吃惊、慌乱乃至厌憎，但我们却要对其进行评判，做出解释。我们读过这种小说，只会回想起自己曾做过的梦、黑夜带来的恐慌、总是让自己极度担忧的疑惑，而不会回想起自己的日常生活。这种作品若不是一度非常有名，就不会得到大多数读者的欢心，连文学评论家都为它们深感头痛。但丁和瓦格纳确实开拓了一条道路，以帮助我们理解这种作品。但丁的幻觉经验被历史遮掩了，瓦格纳却是用神话对其进行了美化。这表明诗人在创作期间，把历史和神话当成了素材。不过，诗人是借助幻觉和梦赋予自己的作品感染力和深邃内涵，而不是借助历史和深化。哈格德是公认的虚构小说创作第一人，可他也不过是把故事当成一种交接的工具，用于展现自己的主题。一般说来，主题都比故事更重要，不管从小说整体角度看，故事占据着多大的比例，都不会对此造成影响。

“幻觉式”作品的素材源头有着非常怪异的模糊性质。可以

---

① 恩斯特·巴拉赫（1870—1938），德国雕塑家、版画家、文学家，《死亡日》是他的戏剧代表作。——译者注

说，其与“心理学式”作品截然相反。更有甚者，我们会质疑这种模糊性质是在玩弄花样。在弗洛伊德式心理学的激励下，我们顺理成章产生了这样一种猜测，必然有种程度比较高的个人经验，潜藏在这种奇怪的模糊后面。我们因此想要解释这些奇怪的模糊特性，并借着这个机会研究清楚，我们为什么总觉得诗人有意向我们隐瞒他们那些重要的经验。这个念头很接近于那种认为艺术所展现的都是病态和神经质的观点，尽管在“幻觉式”艺术家的素材中，的确总能看到一些特征，类似于疯子不切实际的幻想。而在很多精神病人的作品中，我们却经常能找到一些内涵，可与天才艺术家的作品相媲美。所以，支持弗洛伊德学派的人，可能会把了不起的作品全都归功于病理学方面的问题。若这种人相信，意识不能接纳的经验，正是潜藏在我所说的“原始幻觉”背后的个人经验，那在这种人看来，那些奇怪的意象必然是虚假的表象，且代表着一种有意自我隐藏的根本经验。他们必然会将其视为一种爱情经验，不能从道德或审美方面与自己的个性做出让步，或者至少会与意识领域一些伪装部分产生矛盾。诗人或许能借助自我，潜抑自己的经验，将其完全改头换面，也就是让其进入无意识中，这刺激了那种病态的不切实际的幻想，使其行动起来。而由于这种用伪装掩藏真相的尝试不会成功，因此一定要反复展现这种尝试，而这需要借助一系列长时间持续的创作。想象的文体如此奇怪、恐怖，且不断有拥有奇异力量、荒诞且失常的作品出现，原因就在于此。这些东西替代并掩饰了那些人们觉得很难接受的经验。

之后，我会探讨诗人的个性和心理倾向，但是在这里，我忍不住要说说弗洛伊德对“幻觉式”作品有何见解。在相关见解中，只有这种见解引起了世人的普遍关注，其极力想要从科学角度，阐释“幻觉式”作品的素材源头。另外，弗洛伊德也是仅有的一位公开做过以下尝试的学者：将某种理论整理出来，对这种体裁的精神创作过程做出阐释。我会简单说说我对该问题的看法，因为直到现在还很少有人了解我的看法。

我们要是坚持认为，个人的经验是幻觉的源头，那幻觉就是次生的，取代了现实。这必将导致我们只把幻觉当成一种病症，否认它的原始性。那种混沌的境界原本包罗万象，这下居然收缩为精神困扰。我们又可以返回井井有条的宇宙了，不用有任何心理负担。我们都讲究现实和理性，但又明白宇宙有其缺憾。接纳人称异常与疾病的缺憾——这种缺憾不可避免，承认这些折磨是人性必然要承受的，成了我们唯一的选择。揭露人类难以理解的恐怖渊薮，这种行为被当成一种错觉，受到指责。至于诗人，仅仅被认为制造了这种妄想的骗局，并把自己也葬送其中。诗人觉得自己的原始经验很“人性”，“人性”得过头，以至于只能将它隐藏起来，以避免直面它。

在我看来，我们应搞清把个人视为艺术创作元素的理论是什么意思，搞清我们在其引导下，会朝哪个方向发展。正因为这样，我们所要做的仅仅是讨论诗人的心理有何倾向，而不用继续从心理学角度研究艺术作品。我们必须承认，诗人的心理倾向是很重要的，但是我们也不能忽略艺术作品，而应赋予其恰当的地位。现在我们无意探讨对诗人来说，艺术创作有何价值，是一件小事，一种掩饰，一项成果，还是痛苦的源头。从心理学的角度对艺术作品进行分析，才是我们要做的工作。所以，眼下我们应该谨慎探讨作品中的幻象，也就是作品中的根本经验。由于这些经验拥有确定无疑的现实性和严肃性，因此，我们在探讨这个问题时，至少应该怀着探讨“心理学式”体裁的态度。我们很难让人相信幻觉是真实存在的，因为一眼望去，幻觉跟人类的命运的确好像没什么关联。我们在处理幻觉时，务必要借助严肃、理智的方式，因为幻觉总让人把含混不清的形而上学与神秘主义联系起来。为避免世界倒退回愚昧、迷信的时期，最佳做法是不要太过看重上述事情，这就是我们的结论。我们可能都对神秘稍有兴趣，但平日里，我们总把幻觉经验当成想象和诗意过多引发的结果，在心理学上只属于诗人。诗人可借此跟自己的作品保持安全的距离，所以很多诗人都非常赞同这种观点。比如斯皮特勒就强烈坚持，咏唱“奥林匹亚的春天”和“五月已经降临”这两个主题，对诗人来说并无区别。实际上，在自己的作品中，诗人远未能做到清楚表达自己的意思，毕竟诗人也是人。所以，我们只有这样一项任务，即为了让幻觉经验与诗人形成朦胧的对比，为幻觉经验做出辩解，也就是通过解释，使之变得清晰明了。

我们能从《黑马牧人书》《神曲》《浮士德》这三部作品中得到最原始的恋爱经验，这是必然的。要取得这种经验，只能借助幻觉。以下说法并无依据：《浮士德》上部中的人类正常经验，在下部中并未出现或被掩藏了。以下说法更是荒诞：在写《浮士德》上部时，歌德还很健康，在写下部时，他却得了神经症。黑马、但丁、歌德可以算是人类将近两千年的发展过程中三次巨大的进步，我们从中看到，他们本人的爱情故事与更加重要的幻觉经验关联紧密，且是幻觉经验的附庸。艺术作品自身拥有的这种力量，让诗人的独特心理倾向在这种情况下变得不再重要了，这让我们不得不承认，跟普通的激情相比，幻觉代表的经验更加深刻，也更加打动人心。我们不应该混淆了这种艺术作品及其作者，并且我们能够确定幻觉是种真实的原始经验，不管理智的偏执之人有何观点，都不会对此造成影响。幻觉不是之后产生的，也不是次生的，更不是一种病症。幻觉是真正意义上的象征性表现，也就是展现出这样一种事物，其自身具备合理性，但无法让人完全明白。幻觉跟爱情的过程一样，属于切身体验。追究幻觉真正的含义是身体的，心理的，还是形而上学的，没有必要。本身属于精神的幻觉在真实性方面，不会比物理现实逊色很多。幻觉已经超出了将人类性欲都囊括在内的意识经验的范畴。我们借助知觉感受已知事物，借助直觉感受有着神秘、未知、秘密实质的事物。从人类的早期阶段，这些事物便被当成神秘、恐怖、虚假的，只用眼睛是看不到的。在恐慌的驱使下，人们对它们有诸多避忌。

之所以会这样，是因为它们就算被意识化了，还是会故意保留、隐藏一些东西。世人为了自保，以科学作为盾牌，以理性作为盔甲。恐慌让人得到启发。白天，人们相信世界井井有条，到了晚上，为抵御周围的可怕氛围，人们又竭尽所能让这种信念变得更加坚定。要是有种生命在人们的白天世界以外的范围活动，人们面对这种情况，又该如何是好？人们的需求是不是危险且必然的？内涵比电子更加丰富的事物，在世间能否找到？我们相信自己拥有灵魂，并能掌控自己的灵魂，这是种自我欺骗吗？实际上，科学领域所谓“心理”不仅是脑子里的未知事物，还是通向另一个世界的大门，不断出现诡异莫测的力量，就像黑夜的翅膀在扇动，打搅人安静的内心，带着人离开现实，进入凌驾于现实以外的世界，是这样吗？在谈到幻觉的艺术创作时，我们就应该明白，爱情的桥段仅仅是作者的一种宣泄方式，在《神曲》中，个人经验唯一的作用就是用在前奏中。

除了这种艺术创作者，预言家、先知、启蒙家全都会触及人性的黑暗面。这个黑暗的世界并不是完全陌生的，其本身再神秘也是一样。人类从洪荒时代就开始了解这个世界，它的影子随处可见。它在现在的原始人看来，都是宇宙不可或缺的组成部分。唯独我们舍弃了这个黑暗的世界，因为对迷信和形而上学，我们心怀戒备，并试图建立一个意识世界，其借助自然规律来维系，井井有条宛如被成文法统治的共和国。可是我们中的诗人却时常看到幽灵、魔鬼、神明这些黑暗世界中的角色。诗人非常清楚，人天生拥有一个秘密，这个秘密就是超出普通人能够达到的范围的事物。天上会出现什么无法理解的事，诗人都能提前预测到。简言之，诗人看见了一个心理世界，无论野蛮人还是原始人，都对这个世界怀有深深的恐惧。

人类从人类社会诞生之初，就试图以固定的方式，将潜藏于心灵中的感受表述出来，留下了随处可见的印迹。我们甚至在罗德西亚悬崖上雕刻的旧石器壁画中发现，很多生动的动物图案旁边都画着一个圆圈，里面圈着两个十字。在各个文化区中，基本都能找到类似的图案。如今在基督教堂和西藏寺庙中，都能看到它们。这就是太阳轮，它不可能以外部世界的经验为源头，它诞生之际，还没有人知道它能作为机械工具发挥作用。它控制着内部世界的所有经验，是一种心理行为象征的代表，并与后背画着食虱鸟的犀牛同样栩栩如生，对此不必有任何怀疑。从古至今，各种原始文字都有各自隐秘的教义系统，在很多文化中，这种系统发展到了非常高的程度。很多平日里看不到的隐秘教义，在男性集会、图腾民族之类的组织中得以保留。这些事物从原始社会就成了人类经验中至关重要的组成部分。通常说来，这种知识都会在成人礼上，让新一代青年继承下去。与之相似的是，希腊罗马文明中的宗教仪式。而古代神话就是这种经验在人类最早期的发展阶段留下的痕迹。

所以，诗人必须借助神话，才能把自己的经验恰如其分地表述出来。这种选取素材的方法并非窃取他人的观点，若不赞同这一点，就会犯下大错。诗人以原始经验作为创作力的源头，并要以神话意象作为形式，因为原始经验太过高深莫测了。原始经验本身不过是种幻象，能“通过镜子隐隐约约”看到，绝对不会展现为文字或是意象。这是种层次很深的预感，同时有着强烈的欲望，想把自身表达出来。它宛如龙卷风，裹挟着自己所能触碰的所有事物，带着它们向上攀升，这样它本身的形状就能展现出来了。无论哪种特殊的表现手法，都无法透彻表现出幻觉，某些情况下，内容看起来还有待完善，所以诗人只能尽可能收集最多的素材，方能表述内心的感受。诗人若想展现自己的幻觉固有的奇怪矛盾，只能求助于这样一个意象，其处理的难度极高，且被矛盾充斥。但丁的表现欲望得到满足，靠的就是统领天堂和地狱的意象。歌德则在自己的作品中，同时运用了布洛克斯堡和古希腊冥界。瓦格纳利用的是北欧所有的神话。尼采在自己的文章中重塑了史前那些传统的先知形象，而这要归功于他对传教士风格的模仿。布莱克独创了很多角色，让人不知该如何描述。斯皮特勒将很多历史悠久的名字，赐予了自己想象的新角色。所有神圣、怪诞的形象，不管来自天堂还是地府，全都囊括其中。

心理学面对以上各种各样的意象，只能做一项工作，就是整理全部素材，对其进行分类、对比，并用专业术语对其命名。在幻觉中出现的事物，用专业术语来说就是**集体无意识**。我说的集体无意识是一种心理气质，由遗传塑造而成，是意识产生的源头。我们依然能从人体构造中发现初期进化阶段留下的印迹，并推导出构成人类灵魂的元素的产生，必然也以人类种族进化原理为依据。若在短时间内，意识被蒙蔽，也就是在做梦、昏迷、疯癫的状态中，那带着心理发展原始阶段所有特征的精神和内容，就会纷纷涌过来，这就是真相。我们根据意象固有的原始性推测出它的源头，就是古代秘密教派的教义。而带着现代性质的神话命题相当常见。这些集体无意识的表象与意识态度互为补充，这是它们为文学研究奉献的最大力量。也就是说，意识引发的成见、异常、危险状态，都能通过上述表象实现均衡。我们能从梦里清楚看到相对真实的情况。通常说来，若是精神失常，这种补偿的程序会非常显著，但是是以否定的方式。比如，很多人担心自己的秘密会泄露出去，因此过着与世隔绝的生活。后来，他们忽然发觉所有人都知道了他们的秘密，公然讨论，且一点也不觉得有什么不妥。[①]

在对歌德的《浮士德》展开研究时，我们先不探讨这部戏剧是作者的意识态度补偿的问题，而是先来解答这部作品与那个时代的意识观的关系如何。所有了不起的诗文都会从广阔的人生中挑选素材，我们若不想漏掉这部戏剧所有深刻的内涵，就不能无视这一点，只寄希望于从作品中找到作者的个人元素。只要集体无意识是生动的经验和那个时代意识观的象征，作品就能影响现代民众的生活。艺术作品应真正做到启发后人。这就是为什么《浮

---

① 参考我的文章《心灵和地球》，收录于纽约哈考特·布雷斯出版社 1928 年出版的书籍《为分析心理学所做的贡献》。——原注

士德》会让所有德国人灵魂受到震撼，但丁能流芳千古，而《黑马牧人书》却未能被《新约全书》正经收录。各个时代的成见、癖好、心理缺陷各不相同。时代与个人类似，希望得到补偿、调整，因为其在意识观方面存在不足。以下情况都是在集体无意识的作用下达成的：无论诗人、先知，还是领袖，都要在无意中受命于那个时代的命令，借助语言或行动，将所有人潜意识中迫切想要实现的目标和路径明示出来。至于这个目标会引发好结果还是坏结果，会挽救那个时代还是毁掉那个时代，都不会对此造成任何影响。

由于现代发生的事情都规模宏大，根本看不到其整个面貌，所以为其做出论断往往会颇具危险性。我只想简单解释一下这一情况。1453 年，科隆纳就借助梦的方式，完成了自己的著作，赞颂了人们自然产生的爱情。他全然不理会基督教的婚礼，但条件是对感官的放纵不能过度。哈格德生活于繁盛的维多利亚时代，他用特殊的方式对这个题材进行处理，让读者切身体会道德矛盾的压力，而没有借助梦这种表现方式。歌德用红线穿起了格蕾辛、海伦、葛洛廖沙等人物，编织了一张浮士德毯子，色彩斑斓。尼采宣布上帝已死。斯皮特勒用四季变换的神话，隐喻众神的兴盛与衰落。所有地位或高或低的诗人都表达了无数人的心愿，并对他们可能会出现转变的意识观做了预测。

（二）诗人

意志自由包含着秘密，创造力与之类似。心理学家能用心理过程展现这些表象，可是这里面包含着什么哲理，心理学家还是搞不清楚。我们曾试着从各种角度着手，解答拥有丰富创造力之人这个谜题，结果毫无成果。不过，当代心理学家并未就此灰心丧气，而是一直满怀自信，不断探究艺术家和艺术作品。弗洛伊德发现可以从艺术家本人的经验入手，对其艺术作品展开研究，并将这视为一条思路。[①] 可以想象，艺术作品可能会以人类心理生活的情结为源头，与神经症没有区别，所以这种思路会有少许成功的可能。神经症的因果关联是弗洛伊德的重要发现，其源头是心理方面的一种说法，也就是把情绪状态和童年时期真实的或想象的经验，视为这方面的原因。兰克、斯特克尔等弗洛伊德的得意门生，都挑选了其中一部分进行研究，并得到了大量成果。诗人的作品中或许随处可见他的心理倾向。事实上，说个人因素或许会对诗人挑选、处理素材的方式造成极大影响，并不是什么新鲜的说法。可是弗洛伊德学派在这方面的功绩将永世流传，因为它帮我们明确了这种影响的范围，以及独特的展现方法。

弗洛伊德将神经症视为直接满足的替代品，据此将这种疾病称为有失妥当的伪装，对其的具体评价应该是错误的、敷衍的、推脱的、无罪的。这些不足在弗洛伊德眼中，都是能够避免的。

① 参考弗洛伊德的两篇论文《论詹森的〈格拉迪瓦〉》和《论达·芬奇》。——原注

基本没有人会帮神经症辩解，因为不管从哪个角度说，它都没有任何意义，且很荒谬，会让人失去耐心，心生忐忑。我们在解读艺术作品时，要是能从诗人那种受到抑制的角度出发，就会发现艺术作品与神经症有比较亲近的关系。由于哲学和宗教在弗洛伊德学派看来，也是相同的道理，上述关系从某种程度上说是自然的。这种解析方法当然可以用来说明对艺术作品来说，个人因素发挥着非常重要的作用，但也仅此而已。一部艺术作品的方方面面都用这种方法解释，是不可能的。在艺术作品中，创作者的个性不会占据太重要的地位。我们花费越多的时间探讨这些特色，越会远离艺术作品，真相就是如此。超出个人生活的范畴，诗人能作为整个人类的代表，说出自己的真心话，这才是艺术作品最重要的价值。创作者的个性在艺术方面是种约束乃至罪恶。艺术作品若完全变成了个性的产物，就成了彻头彻尾的神经症的表现。弗洛伊德的以下观点可能有些依据：艺术家都是些盲目自大的人，带着童年时期自恋的特征，还没有完全发育成熟。艺术家的确是人，这是该观点唯一的真实性所在。不过，该观点与艺术家的身份没有半点关系。从定义上说，艺术家不会自恋或恋他，更加不会有情欲。艺术家的身份决定了他不再只是普通人，而是他自己的作品。于是，艺术家就成了客观、忘我，乃至非人的。

任何人只要具备丰富的创造力，都会集两种乃至多种人格于一身。其既是个人，拥有自己的生活，又是一个创造过程，忘记了自己的存在。他身为一个人，可能是健康的，也可能是病态的，在这种情况下，我们就有必要为寻找决定他个性的因素，对他的心理构造展开研究。不过，只有通过研究他的作品，我们才能明确他身为艺术家，拥有怎样的才能。在说明英国绅士、普鲁士官员、红衣主教的生活方式时，我们若试图从个人的角度出发，必然会犯错。绅士、官员、牧师等人物拥有独特客观的摒弃个性化的功能和心灵构造。艺术家无法像官员一样，发挥自己的职责，反过来就更是这样了，这点我们要了解。只要一名艺术家属于以上多种类型中的某一种，具备独特的艺术才华，那一般说来，他的精神生活包含的集体性都会比个人性多得多。人生来内部就拥有艺术这种本能，在表达时以此为工具。这决定了艺术家没有自由，不能想做什么就做什么，他是一种中介，帮助艺术达成其目标。他也有可能作为人的情绪、意志、个人目标，但艺术家的身份又让他成为了含义层次比较高的“人”，即“集体人”，领导整个人类，帮助他们建立无意识心理生活。某些情况下，他要舍弃普通人应该享有的生活，以完成这项艰难的使命。

所以，不用奇怪主要研究分析法的心理学家会对研究艺术家这项工作，怀有极大的热忱。艺术家心底存在两种力量，彼此无法兼容：一种是渴求快乐、满足、安定的生活；一种是无法自控的创作的欲望，其超越了所有个人的欲望。正因为这样，艺术家的生活处处都是冲突。如果不用“悲剧”这个词，那我们可以说，大部分艺术家的人生都不顺遂。作为个人，艺术家身份低微，而这并不是因为他们的命运充满波折。从古至今，所有内心有创作的烈火燃烧的人，都要为此付出巨大的代价。他们生来就具备某种才能，这是他们的资本。人类构造中包含着一种欲望，想要独占这种才能，对其加以利用，而不理会其余才能。这种创作的欲望也许会耗尽人的动力，迫使创作者的自我身陷残暴、自私、虚荣——也就是自恋的倾向——等坏习惯之中，乃至坏事做尽，以此避免生活的烈火被夺走，让其留下来继续燃烧。艺术家的自恋宛如私生子或得不到重视的孩子，从很小的时候就开始为避开不爱自己，并有可能伤害自己的人，学习怎样自保。他就是为了这样的目的，发展出了这样的坏习惯，这将导致他终生保留自我中心主义，无力改变，终生天真稚气，孤苦无依，如若不然，就将导致他集中精力与所有道德对抗。可是我们确定只有艺术家的艺术，而非艺术家个人生活中的挫折或矛盾，能为艺术家做出解释，又是基于什么原因？原因就是他不是普通人，而是艺术家，生来就承受着命运赋予他的重大使命，这就是可悲的真相。拥有独特的才能意味着精力大半都用在独特的领域，只能忽略生命中其余部分。

以下两种情况哪种成立，诗人知道与否并不重要：一种是他的作品诞生、发展、成熟，都是依靠他自己；另一种是他的作品是他在虚无中借助自己的头脑，创造出来的。无论诗人对此有何见解，以下情况都必然成立：他的作品必将超过他自己，就像孩子会超过自己的母亲。创作的过程具备柔和的特征，至于作品，却源自深层的无意识，也可以说是母体。创作力占据优势后，人的生命就会为了与变化的意志抗衡，被无意识操纵并塑造，这将导致自我意识掉进暗流之中，不断漂流，之后就只能做这个世界的旁观者，无法再插手其中。正在进行的工作，成了诗人的命运和诗人心理发展的掌控者。是《浮士德》创造了歌德，而非歌德创造了《浮士德》。除去象征意义，《浮士德》还包含什么意义？此处的象征表示一种深邃、真实，但有很多人不了解的存在，而不是一种人们熟知的象征意义。这部作品中隐藏着一种事物，在所有德国人的灵魂中都能找到，它的问世借助了歌德的力量。莫非是德国人以外的什么人创造了《浮士德》或《查拉图斯特拉如是说》[①]？这两部著作都处理了在所有德国人的灵魂中飘荡的事物，即一个属于整个人类的医生或是老师的形象，类似于雅各布·布尔克哈特[②]所谓的“原始意象”。在人类文明萌芽的最初阶段，人类的无意识中就潜藏了这种圣人或是救世主的意象原型。这种意象在以下情况下才会被唤醒：社会局势动荡，或是人类社会犯下大错。只有在找不到方向的时候，人们才会意识到一种人的重要性，这种人不是能为他们提供指引的向导或老师，就是能为他们提供治疗的医生。这种原始的意象有很多，但它们在梦里或艺术作品中出现，仅限于当时人们的人生观发生偏离之际。意识生活有这样一种本能：一出现偏离或是错误，马上会被唤醒，随即要么呈现在梦里，要么呈现在艺术家、先知的想象里，从而推动

① 德国哲学家尼采（1844—1900）的哲学代表作。——译者注
② 雅各布·布尔克哈特（1818—1897），瑞士历史学家。——译者注

心理重新达到平衡。

如此一来，诗人的作品就与自己所在的社会精神的需求相符了，因此，不管他自己是否了解，跟他本人的命运相比，他的作品都将被赋予更丰富的意义。**他基本只相当于自己作品的工具和附庸，所以让他解释自己的作品，就成了不合理的要求。解释作品这项工作应该让别人或者后人承担，毕竟他已竭尽所能完成了表达的工作。**了不起的作品跟梦一样，表面看来好像非常清晰，却无法对自己做出解释，不仅如此，其含义还非常模糊不清。“你应如何”，“这就是真理”这样的话，梦是说不出口的。梦以类似于植物在大自然中生长的方式，展现出意象，我们应该凭借自己的力量，推导出其中包含的道理。做噩梦说明当事人要么恐慌过头，要么太缺少恐慌。梦到古代的圣贤，可能是说明当事人太喜欢说教，可能是说明当事人迫切需要好的老师来教导自己。从细节方面说，以上两种含义并无区别。当艺术作品对艺术家有影响时，对我们就更是如此了。我们应该接受艺术作品对我们的塑造一样，就像创作者接受艺术作品的塑造，只有这样，才能领会艺术作品的意义和创作者经验的实质。充斥着孤独、痛苦、错误的意识背后的集体心理，在治疗方面有着强大的力量，它曾经为创作者所利用；创作者还透彻观察过广大民众的生活，体验过生命的种种滋味，他将借此向整个人类传达自己的内心感受和矛盾。这些都将被我们发现。

只有一种方法能揭示艺术创作及其成果的秘密，就是返回“秘密参与”状态，不是某个人的经验，是所有人共同体会的经验，也就是整个人类的生活经验，单个人的痛苦也好，快乐也好，都不再重要。所有了不起的艺术作品都很客观、忘我，却不会因此缺乏感染力，就是因为这个原因。而诗人的个人生活和艺术作品有何关系并不重要，最多不过是推动其创作，或是为创作制造障碍，也是因为这个原因。诗人可能有着与以下几种人相似的生活方式：非利士人（受教育水平低下，一味追求利益）、良好公民、神经症患者、白痴、罪犯。在追求事业这件事上，诗人可能是被迫为之，也可能满怀兴趣。可不管怎样，要据此解释诗人本人是不可能的。

第

13

章

原始人的心理

与既定的自然因果律相比，不确定的意外在古代人看来更加重要，这就是古代人显而易见的特征。此处的意外包含两点：一是它们往往会接连不断发生；二是它们意义独特，因为它们都是通过无意识心理内容投射出来的，也就是“神秘参与”。可是古代人并无这种观点，其心理活动已经跟外部事物融为一体，因为其心理活动的投射已到了无懈可击的程度。

Archaic是原始的、基本的意思。无论对现代文明人做出何种有价值的评价，都很困难且惹人生厌，既然这样，最好的选择就是对古代人做一下探讨。我们首先要尽量保持客观，但掉进猜测的漩涡，被一些成见瞒骗，都是不可避免的。我们与古代人在时间方面的确相去甚远，在智慧方面，也存在差异。所以，为了把他们的世界纳入我们的视野，查清他们认为世界有何意义，我们的最佳做法是保持客观。

以上这段话相当于为这篇文章的题目界定了范围。受篇幅所限，就算只是古代人的心理生活，要将其表述得非常清晰，也是不可能的，我会尽可能概述。至于人类学对原始种族的新发现，我并不准备探讨。在谈到一种人时，我们一般不用知道其在解剖学方面的头颅形状、皮肤颜色之类，只要了解其心理世界、意识形态、生活方式即可。这些材料全都在心理学的范畴内，而我们在这里探讨的重点，就是原始人或是古代人的心理。由于古代的不仅仅包括原始人的心理运作方式，这些方式现代文明人同样具备，因此，虽然有上述界限，但我们实际上还是扩大了主题的范围。现代文明人具备的这些特征，不仅是针对现代社会生活断断续续出现的“倒退”，实际刚好相反，无论意识发展到了何种程度，各种类型的文明人心底依旧有古代人的特征保留下来。人类心理同样属于进化的结果，追本溯源就能发现数不清的古代特征都在其身上得以保留，一如人类和哺乳动物的关系，还有爬行动物阶段的早期进化残留的很多特征。

我们刚开始与原始部落接触，或读到科学作品中与原始人心理相关的文章时，都会对古代人荒诞离奇的特征记忆深刻。作为原始社会学的权威人物，莱维－布吕尔①依然反复提醒我们留意，原始人的前逻辑心理与我们的意识观有显著差异。身为文明人，他认为原始人的以下行为堪称最匪夷所思的：无视以往的经验，无视事情的因果关联，用集体表象的必然结果解释那些意外事件或自然事件。莱维－布吕尔所说的集体表象，就是与精灵、巫术、草药的效果等相关的原始观念，它们是被人广泛接纳的真理，无法得到证明。人上了年纪或生了重病，然后死去，我们觉得非常自然，理解起来毫无难度，但对原始人来说，却不是这样的。原始人并不认为老人是因为年纪大了，所以死去，有很多人年纪更大，却还活着。原始人还相信，世间没有人会死于生病，很多人得了相同的病，却恢复了健康，还有很多人从来没有得过这种病。原始人觉得除非借助魔法，否则无法解释这些情况，致人死亡的不是精灵，就是巫术。很多原始部落将战争中的死亡视为最自然的死亡。不过，也有一些原始人认为这种死亡也并不自然，相信

① 吕西安·莱维－布吕尔（1857—1939），法国社会学家、人类学家、哲学家。——译者注

是巫师或贴着符咒的兵器杀死了这些人。某些怪异的念头会让人难以置信，比如一些土著从一条死于欧洲人箭下的鳄鱼腹中找到了两只脚镯，辨认出脚镯的主人是前段时间刚被鳄鱼吞进肚子里的两个女人。据此，这些土著想到了巫术。欧洲人断然不会对这种自然现象产生半点质疑，但这些土著在解释这种现象时，却利用了莱维－布吕尔的集体表象猜测方法。他们表示，先前，一个无名巫师将这条鳄鱼叫到跟前，要求它将那两个女人带过来，鳄鱼照他的意思做了。至于从鳄鱼腹中找到的脚镯，又该作何解释？土著说，若不是接受了某个人的命令，鳄鱼是不会吃人的，巫师为了回报鳄鱼，就把脚镯给了它。

这个案例用来说明如何借助奇怪的方法解释何谓前逻辑心理状态，再好不过。在我们看来，这种解释法完全不符合逻辑，所以才要叫它前逻辑。在为事情做判断时，我们利用了与原始人迥然不同的假设，这就是我们觉得非常惊讶的原因。如果我们与他们一样，不相信自然因果律，只相信巫师以及神秘的力量，那我们就会认为他们采用了合理的推导方法。相较于我们，原始人的逻辑性不会更强或者更弱。他们假设的前提条件，也就是观点和行为的动机，与我们存在差异，这是双方仅有的区别。原始人把所有反常、扰人、可怕的东西，都归因于现代人所说的超自然。可是这些东西对他们来说，是属于经验世界的，而非超自然的。谈及一座房子之所以会被焚毁，是因为被闪电击中了，我们自然很清楚，这件事存在自然因果关联。而原始人称房子之所以会被焚毁，是因为巫师用闪电点着了火，这种解释的方法在原始人看来，同样非常自然。原始人的经验认为，相似的原因能用来解释一切反常、奇怪至极的事情。从某种意义上说，原始人与我们采用的解释方法非常相近，原始人绝不会批判自己的猜测。他们相信是精灵或者巫术导致人类生病，以及其余悲惨的经历，这是一个真理，真实性毋庸置疑。而我们也相信，人之所以生病，必然牵涉到其本身的原因。原始人不会把原因归结为自然因果关联，就像我们也不会把原因归结为巫术。除了假设的差异外，在心理活动方面，原始人跟我们区别不大。

我们通常都相信，原始人与我们有不同的感觉和道德观，我们与前逻辑状态的区别就在于此。原始人的道德规则有别于我们，这是确定无疑的。曾有一名黑人酋长这样回答怎样分辨善恶："我与敌人的妻子偷情是善，敌人与我的妻子偷情是恶。"在一些地区，人们相信踩到别人的影子，是一种巨大的羞辱。在另一些地区，人们相信在割豹子皮时，用的不是燧石刀，而是铁制的刀，就会犯下无法饶恕的罪行。可是公平而论，我们不也把以下做法当成错的吗：吃鱼时用钢刀；在屋里不摘帽子；跟女士见面时，嘴里叼着雪茄？这些事都牵涉不到伦理，无论我们还是原始人，对此都心知肚明。很多人以夺取敌军将领的头颅为己任，心无旁骛。更多的人举行残酷至极的仪式时，内心虔诚至极，没有任何负罪感，甚至根据宗教教义，夺取他人性命。关于对伦理态度的评判，原始人其实与我们差不多，双方有着相同的伦理评判过程。

原始人脑子里有着与我们一样的善恶观，但在展现善恶的方式上，却与我们有所区别。

还有人相信跟我们相比，原始人的感官更加敏锐，或在一些方面有别于我们。可原始人根本是基于职业，才会拥有经过高强度锻炼的方向感、听力或视力。原始人的感官在全然陌生的环境中，会迟缓笨拙到让人意想不到的程度。我曾给几个视力很好的土著猎人看一本杂志上的人像，很小的孩子都能轻而易举分辨出这些人像。结果这些土著猎人却在反复看了许久之后，才有一个人指着人像高叫：“他们是白人！”其他人也像发现了什么了不得的事一样，跟着他高兴地叫起来。

很多土著经过训练，才有了很强的方向感。在森林、沼泽中活动，格外需要方向感。只要在非洲住上一段时间，连很多欧洲人都会发现一些自己过去做梦都不会留意的对象，走进大森林中，就算没有指南针，也不用担心走错方向。

我们根本找不到证据，证实在观点、感觉、领悟能力方面，我们跟原始人存在本质区别。双方有着相同的心理功能，只有基本假设存在差异。至于以下几点，相对而言就没那么关键了：原始人的意识范围小于我们，集中精力的程度低于我们，乃至根本无法集中精力，诸如此类。欧洲人对原始人无法集中精力这件事感到非常吃惊。举个例子，原始人与我们交谈时，常说自己已筋疲力尽。与我们交谈超过两个小时，对他们来说基本是不可能的。他们表示，这件事太难做到了，可我仅仅是就一些很简单的事，向他们发问。但在去外面狩猎、旅行期间，他们集中精力的程度和耐性，却又让人难以置信。帮我送信的邮差能跑 75 英里路，中途一次都不休息。我见过一个女人，已经怀孕六个月了，背上还背着个孩子，在华氏 95 度[①]的环境中，叼着烟斗，围着篝火跳舞，整整一夜未停，脸上却没有半点疲倦之色。原始人很擅长在自己喜欢的事情上集中精力，而我们也很难在自己不喜欢的事情上集中精力。这全都取决于情绪，在这方面，我们与原始人没有区别。

原始人判断善恶时，确实比我们更单纯，对此我们不会太过惊讶。不过，与原始社会接触，却会让我们觉得陌生。我的研究表明，这主要是因为原始人有着与我们不一样的基本假设，也就是说，他们生活的世界有别于我们。我们不明白他们的假设，就很难明白他们，若是反过来，那所有问题都将迎刃而解，甚至于我们只需明白自己的假设，就能明白原始人。

我们坚信，一切事物在我们的理性假设中，都具备自然律和能被发现的原因。我们最神圣的信条中，就包含这种因果律。我们不允许自己的世界出现任何隐形、武断的所谓超自然力量。唯一的例外是，现代物理学家观察奇妙的原子世界期间，我们追随他们，真的发现了一种奇怪的状况，可是这相当遥不可及。由于我们刚从被幻想、迷信充斥的恐怖世界中脱身，创造出理智的意识宇宙——这也是人类近期的成果中最了不起的一种——因此，

① 即 35 摄氏度。——译者注

我们依旧难以容忍那种隐形、专断的思想。当前，我们生活的这个世界虔诚地信奉理性法则。明确所有事物的因果关联，对我们来说依旧是不可能的，但我们不断进步的推理最终会帮我们完成此事，只是需要一些时间。我们的期待就是如此，我们认为这是合情合理的，一如原始人也假设其是合情合理的。偶然情况会继续出现，但很罕有，况且其本身必定存在因果律，对此我们毫不怀疑。一个人若喜欢井井有条，必然会对偶然事件心怀厌恶。一些能够预测的普通事件，时常会因为偶然事件变得反常，让人哭笑不得。隐形的力量和偶然事件就像有鬼魂、神明在外干涉一样，因此，我们对这二者都很厌恶。在我们进行深入思考期间，它们不断威胁我们，是我们最恶劣的敌人。我们应放弃它们，毕竟它们是对理性原则的背弃，但它们的重要性我们不应忽视。与我们相比，阿拉伯人对它们更加敬重。他们会在每封信上写上“若安拉准许”，好像这是让信送到的唯一方法。我们随时都在被意外捉弄，哪怕我们不愿遭遇偶然事件，哪怕符合一般规律的事件也不在少数。比意外更难发现、更加武断、更难以避免、更惹人厌憎的事存在吗？

认真研究就能发现，能用因果律解释的和被意外恶魔彻底掌控的，在符合一般规律的事中各占二分之一。哪怕是意外事件，也遵循着自然因果律，且是很常见的那种因果律，这种发现让我们很失落。意外事件经常不问我们的意见，就降临到我们身边，让我们受到惊吓，这才是我们对其失去耐性的原因，而不是因为我们根本不知道意外事件为什么会发生。就算是纯正的理性主义者面对意外事件这种让人愤怒的对象，也会提出带着个人情绪的指控。意外事件必然会影响我们。受规律约束越多，人越不希望发生意外事件，但排斥意外事件，其实是很不应该的。所有人都明白，随时可能会出现意外，乃至对意外有依赖心理。

所以，更进一步，我们应假设所有事情都有自然律或因果律。原始人的假设却是，所有事情都由隐形、武断的力量，即意外推动产生，他们称其为意图。自然因果律在他们眼中，仅仅是种微不足道的表象。如果三个女人去河边打水，一个女人被鳄鱼拖走了，我们通常会判定这是意外。由于鳄鱼确实会吃人，因此，我们认为这件事非常自然。原始人却认为，这种说法不能全面解释此事，它和真实情况不符，既浅薄又滑稽。

原始人想用另外一种方法解释，他们觉得，我们所谓的意外是种绝对力量。这样我们就能说，鳄鱼的企图是拖走中间那个女人，若没有这种意图，或许鳄鱼会选择别的女人。不过，鳄鱼为何会有这种企图？鳄鱼很少吃人，它们胆子很小，咬死的人少得可怜，将人吞入腹中更是匪夷所思。如此一来，就有必要对此事做出特殊的解释了。鳄鱼不会主动杀人，究竟是谁向其下达了这样的指令？

原始人一般都会以自己观察身边环境的结果为依据，做出判断。他会对所有意外感到非常吃惊，以至于立即想去调查个中原因。原始人这种行为跟我们非常相像，但对意外的绝对力量，他有多种理论，比我们更深入一个层次。我们口中的巧合，在他看来就是预谋。他格外重视因果关联中混乱、违背一般规律、不能用科学因果律解释的意外。他早已对遵循一般规律运转的自然习以为常。由绝对力量引发的无法预料的意外，让他感到恐惧。原始人是正确的。他为何会害怕所有反常的事呢？

我曾长期生活于埃尔贡山区，当地有很多穿山甲，这是种在夜间生活的珍稀动物，它们很害怕陌生事物。当地人认为，白天发现穿山甲非常反常，与发现一条河从低处流向高处差不多。若有一只穿山甲偶然破坏了自然规则，原始人就会觉得有必要做出反应。对于事物的本来面目，原始人再熟悉不过，所以他会因所有违背自己这个世界规则的事物，感到严重的焦虑与威胁。以上意外就是不祥的预兆，与彗星、日食、月食相比毫不逊色。因为在原始人看来，穿山甲在白天活动，必然违背了自然规律，必然有种隐形的力量藏在其背后。原始人自然要用独特的方法，处理这种恐怖的情况，保护自己。他应召集附近村子的人找出穿山甲，将其杀掉。

我们看见一条河从低处流向高处，自然会大吃一惊。可我们并不会对以下情况感到吃惊：穿山甲在白天出现，新生儿患有白化病，日食或月食发生。这种事情有何意义，原理如何，我们都比较清楚，原始人则不是这样的。原始人素来遵循常见事物的原则，做事总是效仿其他人的方式，相当保守。任何反常的事都会让他觉得有序的世界正遭到毁坏，接下来可能发生任何事。他认为，一切比较独特的事都与这件事存在关联，拿过来与其并列。在常见事物的世界中生活，才会让原始人觉得安全。对原始人来说，所有违背一般规律的事情都是对规则的破坏，并预示着其他糟糕的事情将要发生，并且好像会有危险降临。

我们的先人对世界有何见解，我们早就彻底遗忘了，所以我们才会觉得上述情况滑稽。从远古时期到 18 世纪，下列记录频频出现：一头牛犊刚出生就有两个头五条腿；一只公鸡会下蛋；天上出现一颗彗星，旁边那座城市就发生了火灾，第二年又发生了战争。对我们来说，这些一点意义都没有，原始人却认为它们相当重要，值得信赖。这种观念很有道理，但让我们很难理解。原始人积累了数十年的经验，他们的观察力是很可信的。我们只留意到每一件事和它们发生的原因，据此相信其仅仅是一系列无意义的纯粹巧合。原始人却认为，它们的排序符合逻辑，可作为参考。在原始人眼中，它们属于恐怖的现象，其整个过程都达到了统一，以一种非人类所能及的力量为源头。

长着两个头的牛犊是战争爆发的前兆，所以它与战争属于同类。这其中的关联在原始人看来，是毋庸置疑的，毕竟与遵循一般规律的事情相比，因巧合发生的恶作剧在原始人的世界中更加关键。原始人一早便提醒我们留意，反常的事情总是会连续发生，我们应为此感激原始人。所有进行临床研究的医生，都会经常遇到病例复现原则。维尔茨堡大学一位上了年纪的精神病学教授时常在谈及少见病例时说："诸位先生，这个病例非常特殊，不过与之相似的病例，我们日后肯定还会遇到。"我在此前的八九年间就职于一家精神病医院，那时我也总说这种话。在那里，我第一次接触到了非常少见的意识模糊症，同样的病例我在两天之后又遇到了一次，可我总共就遇到了两个这样的病例。医生在诊断期间，经常遇到病例复现，他们将其视为玩笑，但是原始科学从古至今就有这种现实存在。"幻术是属于丛林的科学。"这是一名研究人员近期做出的判断。星相学等占卜的方法，很明显可算是古代科学。

我们能轻而易举观察到每天都会发生的事情，因为我们对此有心理准备。知识和技巧只在我们很难探索事情的起因时，才会派上用场。部落中最有智慧的人往往会成为观察者和判断者。这种人应拥有足够的知识，可以对所有反常的事做出解释，并了解如何探索这些事。在意外领域，他是学者，也是专家，他还保存了本部落世代传承的所有文化。他在部落中人的畏惧和敬佩氛围中，占据了至高无上的地位。不过，要是邻村有个人比他厉害得多，这件事传到了他部落中人的耳朵里，那他的权威就会打折扣。一般说来，从越远的地方找到的药越有效。我曾长期生活在一个部落中，部落中人对一名老迈的巫医敬慕有加，却只在人或者牛出现小病小痛时，偶尔找他一次。一旦病情比较严重，部落中人就会花高价，从遥远的乌干达请来一名巫师。他们这种做法与我们基本没什么两样。

连续发生的意外数量是不确定的。有种历史悠久的预报天气的方法，从未出过差错，就是接连下了几天雨以后，第二天肯定也会下雨。类似于“不雨则已，一雨倾盆”这种俗语，就属于原始科学。普通人都对此怀有信任和敬仰，有学养的人却对其持讥讽态度，直到反常之事在这种人身上发生。有这样一个案例，一天早上，一名女士被桌子上的声音吵醒，她有只很大的玻璃杯，杯沿有宽约 0.25 英寸的部分碎了。她很吃惊，立即按铃，让人送来另一只玻璃杯。这只杯子在大约五分钟过后，发出了相同的声音，杯沿也碎了。她更加惶恐，要来了第三只玻璃杯，这只杯子在二十分钟后也碎了。同样的意外接连发生了三次，对她造成了极大的影响。她马上用集体表象取代了自然因果律，开始认为，此事背后有种绝对力量在捣乱。不少现代人都有过类似的经历，特别是当自然因果律无法解释的巧合，降临到他们身上时。我们往往会否认这种事，它们会搅乱原本井井有条的世界，并且好像会让人非常焦虑，因此惹人厌恶。我们会被这种事影响，证明到了现在，原始心理还在我们身上残留。

原始人有经验作为基础，才如此信任绝对力量。我们统称的迷信，能从其集中到一处的巧合中得到证明。在时间、地点方面，反常的事情出现巧合的可能性确实很大。应该牢记自己的经验并不可靠。观察不细致，会导致对一些事情的无视，以至于无法做出恰如其分的判断。比如，极其沮丧的人不会认为以下事情是合情合理的：清晨，你的房间里飞进了一只鸟；过了一个小时，你走在大街上，见证了一起车祸；到了午后，你有个亲戚去世了；

当天晚上，你的厨子打翻了盛着汤的碗；夜深之际，你发现钥匙不见了。原始人会觉得其中每一件事都符合自己的预测，因此，他不会无视其中任何事。他是正确的，他的预测被证实，他的目的也达成了。他宣布今天很背运，什么事都不能做。时至今日，我们必然会说这是迷信，但在原始人看来，却再合理不过。原始人的生活比较容易被意外干扰，现在我们所过的生活却相对有计划且符合规律。你没有胆量在荒野中做太危险的事，这其中的意义对欧洲人来说很简单。

只要觉得有一点不妥，普韦布洛印第安人就不会去参加聚会。走出家门时，在门槛上绊了一下，古罗马人立即就会放弃当日的计划。这对我们没有任何意义，但这种预兆极易让原始人产生警惕。对自己的掌控不够好，我的身体在行动期间，就会像被某种事物操纵，我的精力就很难集中，我会与某种东西相撞，因此摔倒，我会忘记或是遗失某种东西。这些事情在文明社会中不值一提，但在原始丛林中却总会引发危险，足以取走当事人的性命。走在一座又湿又滑的小桥上，桥底下有很多鳄鱼，一旦摔跤，会相当危险。在荒草丛生的荒野中行走，却丢掉了指南针；走在丛林中，却忘了在步枪里放子弹，然后遇到了犀牛；若心不在焉，踩到毒蛇的概率就会很高。我们认为，这些事情的确很有可能因为精力不集中而发生。原始人却将这些意外全都当成外部事物或者巫术发挥作用的结果。

可这未必只是因为精力不集中。我在埃尔贡山区南部的卡布拉斯森林旅行期间，曾差点踩到荒草丛中的一条毒蛇，好在我迅速跳走了。那天午后，一位朋友面色惨白，手脚哆嗦，出现在我们面前。他去狩猎了，在白蚁山上遇到了一条长约 7 英尺的南美眼镜蛇，它从他背后冲过来，险些咬死他，好在关键时刻，他开枪射杀了它。当晚九点，一群鬣狗来攻击我们的帐篷。前一天夜里，我们的一位伙伴睡觉时，被这群鬣狗咬伤了。鬣狗不顾燃烧的篝火，闯进了厨子所在的房间，厨子吓得跨过篱笆跑了，一边跑一边大叫。接下来的旅程，再没有发生过任何危险的事。那些与我们同行的黑人，从这一天发生的意外中找到了谈资。我们觉得那仅仅是意外碰巧接二连三发生了，他们却坚持说这是因为旅行开始的第一天，我们遭遇的凶兆。当时，我们试着穿越一条河，结果整辆车和车上的人都掉进了河里。帮我们带路的几个孩子你看看我，我看看你，好像在说："真是吉兆啊！"我们没想到会遇上赤道暴风雨，浑身都被淋透了。我发了烧，接连几天卧病在床，之后终于康复了。我那个朋友出去狩猎险些丧命，他回来的那个夜晚，我们几个白人聚在一起，面面相觑。我忍不住跟这个朋友说："我觉得好像从许久之前，这些灾祸就已经有了预兆。我们从苏黎世启程前，你跟我说过一个梦，你还有印象吗？"那是一个噩梦，让人记忆深刻。他梦到自己到了非洲，正在狩猎，被一条巨大的眼镜蛇偷袭，随即被吓醒了。他因为这个梦深感忐忑，告诉我这是大凶之兆，预示着我们之中会有人丧命。他猜测丧命的人会是我，这只因"死去的不是我"，才符合人们一直以来的期待。然而，之后死的却是他，死因是极为严重的疟疾。

“幻术是属于丛林的科学。”一种预兆也许会立即作用于事情的发展方向，让人放弃或是改变所有计划。因为原始人相信，偶发事件也许会接二连三地发生，而他们对心理上的因果律一无所知，所以才会出现这种情况。而我们能够辨别主观心理和客观自然的差异，是基于对自然因果律的片面强调，我们应对此感到庆幸。原始人的主体和客体全都在外部世界中。他因自己经历的一件特殊的事情而受惊，是因为这件事本身就很恐怖，而不是因为他自己。这属于一种超自然力，拥有神奇的力量。这在我们眼中，属于想象或是联想，但在他眼中，则是一种从外部世界而来的力量，在不知不觉中对他发挥了作用。他的国家仅仅是这样一片领土，其中充斥着神话、信仰、思索、感觉，而他完全不知道这些事物有何功效。这个国家并非地理或政治实体。他脑子里满是畏惧，觉得很多地方都不吉利。一片土地或一棵树上，有一个死人的鬼魂栖息；一个洞里住着一个魔鬼，所有接近它的人都会被咬死；山那边有一条巨大的蟒蛇；那里有一座小山，已故的老国王就葬在山坡上。原始人不了解心理学。心理活动的产生和运行，全都遵循客观、外部的方式。原始人很重视梦，因为他们认为，自己梦里发生的所有事都是真的。帮我们挑行李的埃尔贡人坚决表示，只有巫师会做梦，他们绝不会做梦。我去问巫师，巫师说自己已在英国人开始侵略他们的国家后，停止做梦。他说他的父亲做过“大梦”，梦到走散的牛群去了何处，母牛在哪里分娩，什么时候会爆发战争，什么时候会发生瘟疫。到了现在，他们已经什么都不知道了，能了解一切的，只有当地的最高军事指挥官。部分巴布亚人相信，鳄鱼大多都已归顺了大不列颠政府。这些人已经认命了，巫师与他们没什么两样。当地曾有一名逃犯，逃亡途中需要趟过一条河，结果遇到了一条鳄鱼，被撕咬得遍体鳞伤。那些巴布亚人据此断定，这条鳄鱼与警察是一伙的。巫师跟我说，由于现在掌权的是英国人，因此，上帝只会现身于英国人的梦中，不再在埃尔贡人的巫师梦中出现，梦转移了。当地人经常魂游外地，巫医会把他们抓回来，像鸟一般关进笼子里。偶尔也会有不知属于何人的游魂，带着病毒来到他们的村子里。

这种对心理活动的投射，在人和人、人和动物、人和事物中间建立了关联，让我们难以理解。一个白人射杀一条鳄鱼的消息传出去，邻村的大批人立即赶过来让他道歉，因为他开枪的瞬间，邻村一个老太太去世了，那条鳄鱼就是那个老太太。一头豹子要吃一个人养的牛，那个人射杀了豹子，正赶上邻村一个女人死掉了，那头豹子就成了那个女人。

为了说明这些关系，莱维－布吕尔创造了“神秘参与”这个词语。可在我看来，神秘这个词并不合适。原始人认为，这种事自然至极，谈不上神秘。实际上，因为我们好像根本不了解这种心理现象[①]，所以会认为它们很怪异。这种心理现象也会出现在

① 也就是分裂与投射这两种现象。——原注

我们身上，不过我们在对外呈现时，会采用相对文明的方式。我们平时总觉得其他人有着与我们相同的心理活动过程。一样东西我们觉得很好，就会假设其他人也觉得很好；一样东西我们觉得不好，就会假设其他人也觉得不好。我们的法庭近期才开始采纳与心理学原理比较契合的见解，公开表示存在相对性犯罪。部分见识浅薄之人对以下这句话深感愤怒："公牛不能做朱庇特能做的事。"①所有人平等地适用于法律这点不能废除，这是人类最了不起的成果之一。普通人喜欢指责别人，是基于一种坏习惯：对自己宽容，对别人苛刻。这实际相当于低劣的灵魂从这个人身上跑到了那个人身上。从前，女巫、狼人随处可见，同样的，伪君子和替罪羊在现代社会也随处可见。

在心理学中，心理投射是最普遍的现象之一，与莱维-布吕尔所说的原始人的"神秘参与"没有区别。我们仅仅为其改了名，并否认自己需要承担责任，对此习以为常。我们能从其他人身上观察到我们的无意识中包含的所有坏习惯，将其当成对我们的不足的投射。下毒害人，纵火杀人，欺骗别人，这些我们都不再做了。不过，我们又拿出了道德律，对别人进行审判，将其囚禁在牢中。我们往往会把自己的不足，强加到别人身上。

原始人心理状态简单，不善于进行自我批判，是他们更容易投射的原因。他们觉得一切事物的存在都是客观的，在他们的语

---

① 在罗马神话中，天神朱庇特化身成为公牛，引诱了腓尼基公主欧罗巴。意思是一般的公牛无法与朱庇特化身的公牛相比。——译者注

言中，这点得到了显著的体现。我们非常熟悉类似于豹女这种粗俗的外号，我们经常把个人比喻成鹅、牛、母鸡、蛇、公牛、骡子。而原始人用动物的灵魂命名一个人，就带着显而易见的道德评判的不良企图，这对他们来说，再寻常不过。生活在美国西南山区的印第安人说我是图腾熊，不容我有半分质疑，意思是我其实就是一头熊。这只因我从梯子上爬下来时，是和熊一样背对着梯子，用手爬的，而不是跟人那样面对着梯子。欧洲人说我很像熊，不会有很多其他意思。在现代社会中，原始社会中那种或许会让我们非常惊讶的“动物的灵魂”主题，仅仅只能算作一个比方。我们若不想返回原始人的观念，就不要太过具体地解释这些意象。比如医学中经常提到“处理病人”，更清晰的说法是将手放到病人身上，用自己的手应付他的病。巫医在救病人时，一般都会采用这种方式。

这种具体看待事物的方法，让我们觉得匪夷所思，所以要理解“动物的灵魂”，对我们来说也颇具难度。某个特定的灵魂从人体内出来，附着于一只野兽身上，这是种什么样的情形，我们想象不出来。我们说一个人像骡子，不是说无论从哪个方面说，他都像骡子，而是说他仅仅在一个方面，跟骡子略微相似。我们只是摘取了他性格或是心理的某个组成部分，将其具体化，变成了骡子的形象。可原始人却将自己所说的豹女当成了真的，其以豹子为灵魂。**所有无意识的心理活动在原始人看来，都是具体、客观的。**一个人被形容成一头豹子，那他就拥有豹子的灵魂，原始人对此毫不质疑。原始人甚至会更进一步表示，这个灵魂现在就住在森林中，化身成了豹子的模样。

这种心理投射产生的认同，创立了一个世界。人被这个世界容纳，心理和身体皆是如此。人跟世界融合起来，但他只是世界的组成部分，而非世界的掌控者。以非洲的原始人为例，他们从来不敢妄想，自己能创立一个世界。在对动物进行分类时，他们把大象列为最高等的动物，其次是狮子，第三是鬼魂、妖怪、鳄鱼，第四才是人类和比较低等的动物。他们不会做梦要成为自然的统治者。之后的文明人才有了征服自然、找出自然规律等念头。所以，文明人非常厌恶绝对力量，担心它会阻挠自己掌控自然，用尽方法想要否定它。

简而言之，与既定的自然因果律相比，不确定的意外在古代人看来更加重要，这就是古代人显而易见的特征。此处的意外包含两点：一是它们往往会接连不断发生；二是它们意义独特，因为它们都是通过无意识心理内容投射出来的，也就是“神秘参与”。可是古代人并无这种观点，其心理活动已经与外部事物融为一体，因为其心理活动的投射已到了无懈可击的程度。意外对他而言，属于绝对的、预谋的做法，是一种生命形态的干涉。因为若不是他为反常之事披上了可怕或恐慌的外衣，其就不会产生什么影响，这一点他并没有发觉。我们在这件事上，的确应慎之又慎。美好的东西之所以美，只是因为我们觉得它美吗？是太阳在照射宇宙，还是人的眼睛与太阳存在某种关联？这个问题吸引了从古至今不计其数的了不起的思想家，费尽心机对其展开研究。原始人支持前一种说法，文明人支持后一种说法。文明人现在经过全面的思考，已竭尽所能排除了诗人的想象力。文明人为了对世界有相当客观的理解，彻底摒弃了古代人的投射方法。

原始社会的所有事物都有自己的精神。所有事物都被人类精神元素感染，乃至都感染了人类心理的集体无意识，因为个人精神生活那时候还没有出现。在人类的精神发展中，基督教受洗礼的确关键至极，不能低估。人们从受洗礼中获得了独立的灵魂，不过，这并不是说受洗礼像魔法一样，一次就能产生效果。我的意思是，受洗礼思想能从全世界认同的思想中，提取出人来，让其凌驾于世界之上。这种人类精神更在自然之上的象征，即受洗礼最好的意义。

无意识的研究中有一项原则：所有独立存在的心理内容都能在可能的情况下，被比喻成人。疯癫之人的幻觉和降神会[①]，堪称其中的最佳代表。隐形之人可在自主心理成分得到投射后的任意时间与地点现身。降神会招来的鬼魂，以及原始人见到的鬼魂性质如何，由此可见。被投射了关键心理内容的人属于超自然之人，即此人的才能足以创造超自然，此人会变成巫师或是狼人。原始人眼中的最佳诠释是这样一种状况：巫医夜里像捉鸟一样，

① 即通过灵媒与死去的人沟通。——译者注

把走散的灵魂捉进笼子里。巫医因为心理投射，获得了超自然力。投射是能让人臣服的心理活动，因此，它能让动物、树木、石头讲话。既然这样，疯癫之人会受制于想要讲话这种欲望，就不出奇了。投射物代表着个人的心理活动，愚昧导致他误会自己仅仅是一个能听、能看、能遵从其他人的人，而不明白讲话的正是他自己。

站在心理学的角度，原始人坚持以下观点是非常自然的：意外的绝对力量展现了鬼魂和巫师的意志。因为原始人已知的真相让他断定这种结果是不可避免的。不过，在这一点上，我们不要做傻事。如果我们向有头脑的土著讲述科学思想，他必然会认为我们非常迷信，简直到了滑稽的程度，且逻辑不通。这种人认为，让世界变得光明的不是人的眼睛，而是太阳。因为我说出了“太阳并非神明，是神明创造了太阳”这一奥古斯丁的教义，我认识的美国西南山区的一名印第安酋长便怒斥我。他指着太阳怒气冲冲地说：“太阳是人类之父。他是所有光和生命的源头，他创造了世间所有事物，这些你都能看得一清二楚。”他如此激动，连话都讲不出来了。到了最后，他叫起来：“就算一个人跑去深山，他要点火，也必须要有太阳。”原始人的思想从中得到了充足的体现：外部世界是掌控人类的力量源头，人类的生存机会都是借助这种力量取得的。

我在说到原始人对意外的态度时表示，这种态度有自己的目的和意义。可我们能不能立即得出结论：原始人对绝对力量的看法不是只以心理学思想为基础，而是建立在真实的基础之上的？这属于夸大其词，但我无意掉进证实巫术的存在的确有其依据的陷阱。我不过是想在思考时，加入这种结论。若我们暂时接受原始人的观点，经过更深入的思考后相信如下观点，包括光明全都源自太阳，事物的美好在于其本身，人类的灵魂部分属于豹子等，那我们就能接受超自然的观念，据此相信不是人类创造了美，而是美感动了人类。一个人是坏人，不是因为我们向他投射了这种坏。这种才能不是由我们的想象力推动形成的，而是很多拥有超自然能力的人本身具备的。超自然的观念表明，这种非同一般的效果源自外界广泛存在的力量。所有真实的东西都是自行存在且自行活动的，存在的方式只有力量这一种。所以原始人超自然的观念近乎一种能量论，只是很简陋。

接下来再理解这种原始的观念，就会变得非常简单。由于其将上述心理投射过程彻底主次颠倒了，因此，对其含义更深层次的研究将会遭遇难题。它的含义是一名巫医能变成巫师，是因为他本就是巫师，把魔法投射到了我们身上，与我们对他的想象、钦佩没有关系。鬼魂是自行在我们面前现身的，并不是我们心理的幻觉。这种说法从超自然观念的角度看符合逻辑，但我们还是想试着找到一种理论，能够为心理投射做出解释。问题在于，心灵也就是精神或者无意识，是不是一般都以我们的内心为源头？精神在意识的早期阶段，是不是真的作为绝对力量存在于我们的身体以外？精神是不是在之后的心理运作过程中，逐渐进入了我们的内心？原始观念是不是相信心理实体最初就存在于人体内部，化身成为鬼魂、先人灵魂之类的形式？上述事物是不是在发展期间与人类逐渐融合，最终在人体内部建立了一个精神世界？

我们可以借助想象力，了解这种异常矛盾的整体观念。原本不属于人类心理的事物，我们同样能将其转移过去。借助原始的形式，复杂的心理是怎样产生的这种观念，在着魔、先人魂魄化身、魂魄转移等信仰中，得以展现出来。我们会在打喷嚏时说“愿上帝保佑你”，即“希望新灵魂不会妨碍你”。我们在成长期间脱离了数不清的矛盾，创造了完整的人格，然后感觉到心理好像是经过繁复的整合后才产生的。人体的形成得益于大量孟德尔单位的遗传因素，据此说人类心理的形成也是基于相同的方法，应该没错。

现在的唯物论和过去人们的观念有相像之处，二者好像都将个人视为一些事物汇聚而成的产物，前者认为这些事物是自然的因果关联，后者认为这些事物是意外事件。个人在这两种观点看来微不足道，仅仅是由客观环境的偶然力量造就的。很明显，这属于纯粹的原始世界观。在这种观念中，单独的个人会随着其余事物随时改变，无法独立，谈不上独特。现代唯物论这种狭隘的观念与原始人没有区别，且因更加系统而显得更加激进。原始人的观念具备超自然的特征，这些超自然的人在历史发展中上升至神明的地位，变成了能分得上帝的光荣且能永生的英雄、国王。从原始社会中能发现这种个人永生的观念。

原始人不了解自身观念的矛盾之处。帮我们挑行李的黑人跟我说，对于自己死后可能会出现的情况，他全无概念。他们都觉得，死亡就是死亡，停止呼吸，其他人会抬起他的尸体，送到森林中给鬣狗吃掉。这是他们白天的想法，死去之人的灵魂到了晚上会变成恶魔，要么会让人和牲畜染病，要么会偷袭甚至勒毙在夜里赶路的人，要么会做出其他很多可怕的事。如此众多的矛盾念头充斥于原始人内心，欧洲人可能会因此大受惊吓。不过，欧洲人从未想过，在我们这个文明的世界中也存在相同的事情。很多大学一方面开设了神学课程，另一方面又觉得神明干涉不具备探讨的价值。研究自然科学的人可能会觉得以下念头很荒诞：上帝创造了一切生物，包括其中最渺小的生物。然而，到了礼拜日，此人可能又会变成虔诚的基督教徒。因此，对于原始人的自相矛盾，我们又有什么介怀的必要呢?

原始人教授给我们的道理都是自相矛盾的，我们无法从原始人的基本概念中推导出什么哲学体系。可我们只借助这些道理，就能得到不计其数的心理素材，并会让从古至今的种种文明拥有思考的对象。原始人的集体表象是真正高深还是表面高深？这个问题太难了，我答不出来，但我能提供一项参考，即我从埃尔贡山区的部落得到的观察结果。我为了寻找关于宗教观念和仪式的少许线索，在几周的时间内到了很多地方，却没有任何收获。不管举办什么仪式，当地土著都准许我去旁观，并为我提供任何可能的参考。我与他们交流期间，他们对我相当礼貌。他们不了解任何宗教风俗，可我不肯放弃。一个老人在多次交流过后，终于这样叫起来：“早上太阳升起时，我们从茅草屋走出去，往手心吐唾沫，然后冲着太阳举起手来。”我请他们给我示范，他们就把手放在嘴边，狠狠吐了口唾沫，接着把掌心对准太阳。我让他们解释这样做的意义，他们却说：“这是我们一贯的做法。”我没能得到满意的回答，坚信他们不清楚自己这样做的原因，只了解自己做了什么。他们不知道自己的行为有何意义，新月升起时，他们也会用同一种方式来迎接。

假设苏黎世对我来说是个绝对陌生的城市，我为了探究当地的习俗，来到这里。我住到郊区一户人家，跟诸位邻居展开交流。我让米勒、梅尔这两位男士说说他们的宗教风俗习惯。两人都很吃惊，他们并不清楚这方面的事，因为他们没有去过教堂，并强调自己从未遵循过某种宗教习俗。一个清晨，我贸然去拜访米勒先生，他正在花园准备藏起彩蛋，并把一些奇怪的兔子玩偶堆起来。我问他：“你为什么不告诉我，你在进行这么有意思的仪式？”他说：“哪有什么仪式？所有人过复活节时都会这样！”“但这些玩偶和彩蛋有什么意义？你为何要藏起它们来？”米勒先生不知说什么好，他甚至不清楚圣诞树有何意义，却继续这么做，这与原始人没有区别。可埃尔贡山区的人明白自己的做法有何意义吗？肯定不明白，只有文明人才明白。

埃尔贡山区的人举行上述仪式，是基于什么意义呢？这很明显是土著在向太阳这种超自然神灵致敬。而在原始人的信仰中，往手心吐口水象征着个人的魔力和健康、祈祷、维系生命的力量。他们往手上吹气，象征着风和灵魂。这种只有动作、没有声音的祈祷的意思是：“神明啊，我愿意为你贡献出我的灵魂。”但我并不清楚这仅仅是种巧合的举动，还是人类出现之前就产生的一种观念。